麦肯锡
工作思维

McKinsey
&
Company

卫斯理 ◎ 著

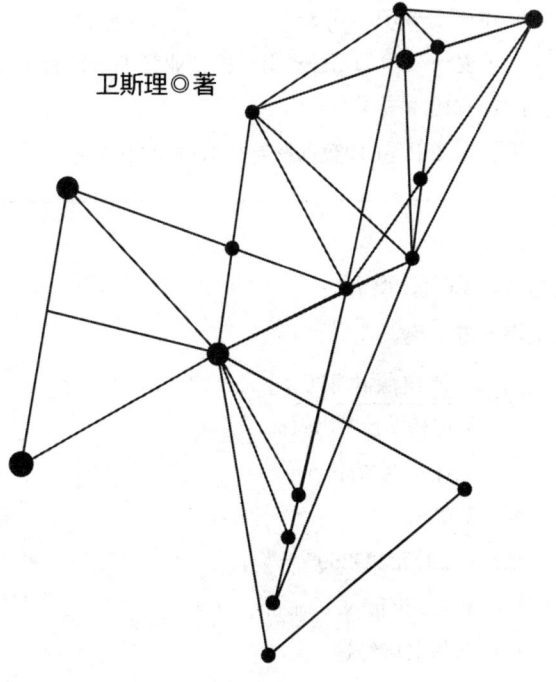

天津出版传媒集团

天津科学技术出版社

图书在版编目（CIP）数据

麦肯锡工作思维 / 卫斯理著. — 天津：天津科学技术出版社，2018.8（2023.6重印）

ISBN 978-7-5576-5318-7

Ⅰ.①麦… Ⅱ.①卫… Ⅲ.①企业管理－经验－美国 Ⅳ.①F279.712.3

中国版本图书馆CIP数据核字（2018）第116579号

麦肯锡工作思维
MAIKENXI GONGZUO SIWEI

责任编辑：方 艳

出 版：	天津出版传媒集团 天津科学技术出版社
地 址：	天津市西康路35号
邮 编：	300051
电 话：	（022）23332695
网 址：	www.tjkjcbs.com.cn
发 行：	新华书店经销
印 刷：	衡水翔利印刷有限公司

开本880×1230 1/32 印张7 字数121 000
2023年6月第1版第4次印刷
定价：42.00元

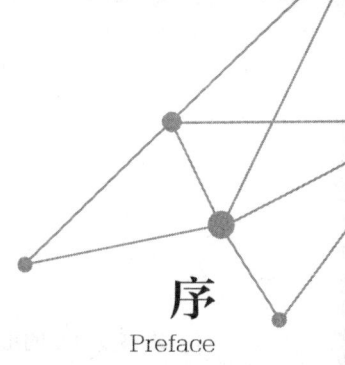

序
Preface

　　美国管理学家汤姆·彼得斯，美国运通公司前总裁哈维·格鲁布，美国IBM公司前董事长兼首席执行官路易斯·郭士纳和日本管理学家大前研一，这四位商界达人有一个共同的经历——在麦肯锡咨询公司任职过。

　　麦肯锡不是世界上规模最大的咨询公司，但在管理咨询界有着极高的威望。1926年，芝加哥大学会计学教授詹姆斯·麦肯锡创办了这家咨询公司，并以自己的名字命名。作为历史悠久的咨询行业老牌企业，麦肯锡目前在全球44个国家设有80多个分公司，共拥有7000多名专业咨询顾问，其主要工作是由麦肯锡咨询顾问和客户组成的专职咨询项目小组来共同解决客户的问题。

　　麦肯锡的主要创始人之一马文·鲍尔制定了一条规矩："做咨询时一定要保持独立性，一定不要过多干预客户的内部事务。"尽管麦肯锡顾问不能过多干预客户的内部事务，但他们致力于帮助客户掌握更加科学合理的工作方法，以提高工作效率。麦肯锡工作法也因此成为世界各大企业流行的管理工具。

本书要分享的正是无数麦肯锡咨询顾问总结出来的高效工作思维。相对于具体的工作技巧，工作思维的转变更为关键。假如我们掌握了科学合理的工作思维，就能在实践过程中举一反三，创造出适合自己的新技巧。

麦肯锡工作思维从发现问题开始，将问题设置为研究课题，然后搜集资料、分析数据、制订方案、评估方案、执行方案，直至取得最终成果。在此过程中，我们少不了与各方进行沟通谈判，用成果展示来说服众人，并且避免自己被工作搞得身心俱疲。本书将在各个章节里分别讨论上述内容。

麦肯锡工作思维是一个指路标，引导我们少走弯路，在获得更高的工作效率的同时保持良好的身心状态。但这只是一个起点，而不是自我提升的终点。永远不要限制自己的发展潜力，这正是麦肯锡工作思维所追求的目标。

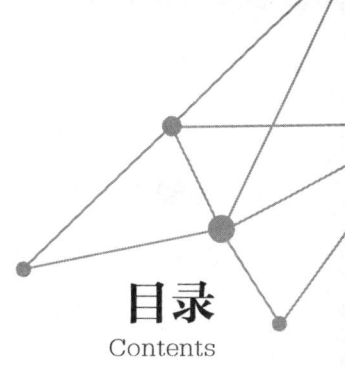

目录
Contents

第一章 → 提高办事效率,从发现问题开始

问题的本质是期望与现实的落差 / 003

找出"真正的问题" / 006

所有的问题都可以归为三大类 / 010

恢复原状型问题:回到从前就好 / 014

防范潜在型问题:居安思危,未雨绸缪 / 017

追求理想型问题:一切为了改变现状 / 021

第二章 → 设置课题,明确自己为了什么而做

SCQA分析:从发现问题到设置课题 / 027

弄清问题的关键在于正视事实 / 030

不明白问题出在哪里,找"逻辑树"帮忙 / 033

草拟具体的假说,形成一个好课题 / 036

确立课题的五种方法 / 039

培养"MECE感",课题不重叠、不遗漏 / 042

第三章 → 怎样把梳理信息变成你的强项

获得数据的常见方法 / 047

搜集一手信息,不轻信二手情报 / 051

误区:为了调查而调查 / 054

辨别"意见"和"事实",有效整合所得信息 / 057

信息搜集越多越好吗 / 060

检查组织的硬件和软件情况 / 063

第四章 → 合理分析是麦肯锡工作法的精髓

逻辑思考是分析问题的基础 / 069

用"问题树"来验证假设 / 072

定量分析的三个模板 / 075

情境分析:预想几种最可能出现的局面 / 078

让竞争战略更清晰的"3C分析" / 081

用环境脚本法分析风险因素 / 085

第五章 → 思考对策应抓住问题的本质

用"空·雨·伞"思考法寻找对策 / 091

商业系统模型揭示获利方式 / 094

"AIDMA"模型呈现客户的消费决策流程 / 098

解决思路必须符合对方的认知 / 102

方案只选一个,但不能只想一种 / 105

提高方案被采纳的成功率的技巧 / 108

第六章 → 理性评估方案,减少决策失误

重视不确定性,避免一厢情愿的乐观 / 113

制定替代方案的评价条目和评价标准 / 116

用脚本/行动矩阵来评估各个替代方案 / 120

评估方案的风险与阻碍因素 / 124

假如只有一个提案,你可以这样办 / 128

第七章 → 如何在沟通谈判中提高双方的满意度

确定谈判的议程、人选、地点 / 133

明辨恶性谈判与良性谈判 / 137

在谈判时保持平常心的方法 / 140

合理让步是一种有效战术 / 144

在连续问答过程中施展的技巧 / 148

第八章 → 工作成败取决于细节执行力

麦肯锡人眼中的"败者之路" / 155

执行计划必须涉及的内容 / 158

一次专注一事,每天都要总结 / 161

根据上司的类型来调整工作方式 / 164

提高部下工作效率的好习惯 / 167

应对公关危机的"道歉启事"模板 / 171

第九章 → 用你的成果展示促使对方采取行动

  用好三种信息，文案报告才会流畅有力 ／ 177

  金字塔图表展示法 ／ 181

  麦肯锡式演讲的基本套路 ／ 185

  使用结论法的注意事项 ／ 188

  提高报告说服力的简明技巧 ／ 191

第十章 → 协调身心是发挥实力的必要条件

  不可忽视的"心身耗竭综合征" ／ 197

  避开三种心理失衡的陷阱 ／ 200

  破除"必须式思维" ／ 203

  麦肯锡人不说"管它呢" ／ 206

  重视成果，更重视压力管理 ／ 209

后　记 → 212

第一章
提高办事效率,从发现问题开始

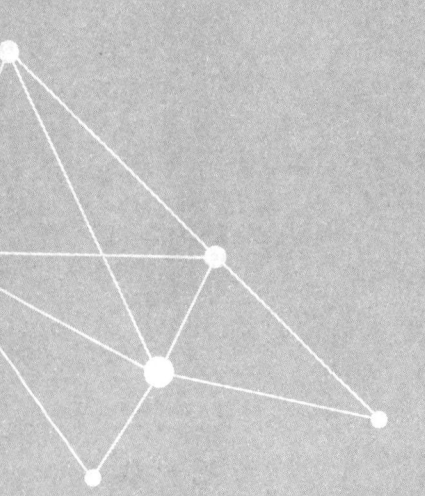

麦肯锡工作思维本质上是一种高效率解决问题的技术。但是，如果我们没意识到问题所在，就根本不会产生解决问题的想法。发现问题是一种宝贵的能力，它看似不起眼，实则最为关键，也最考验一个人的思维能力。麦肯锡的问题解决方法就像一条跑道，终点通向"顺利解决问题"，中间是各种考验，起点是"发现问题并弄清问题的类型"。倘若只是懂得方法而没有发现问题的能力，那么你只是站在跑道旁边的观众，而不是起跑线上的运动员，永远无法让自己到达终点。

问题的本质是期望与现实的落差

工作现状小检查

你在工作中是否遇到过以下情况？如果有，请在括号里打"√"。每空1分，总分最高5分，最低0分。得分越高，说明你在工作中存在的问题越多；反之则说明你有良好的工作习惯。

( )	1. 事业进展没有预期的那么顺利，但不知道是哪里出了问题
( )	2. 怀疑某个环节存在纰漏，但说不清毛病在哪里
( )	3. 做事效率一直很低，觉得自己是个没用的人
( )	4. 感觉这次的工作比平时更加费力，但找不出原因
( )	5. 呕心沥血地做事，但总是得不到相应的回报
症结诊断	缺乏发现问题的能力，不能准确找出当前形势的关键所在，对自身的情况缺乏清醒的认识。只是凭着本能和现有经验来被动地做事，而不能头脑清晰地处理工作。随着迷茫感和挫败感的累积，自信心和工作效率会进一步下降

什么是"问题"

在麦肯锡人眼中,问题就是"必须解决的课题"。比如,"中午吃什么?"这个问题需要通过选择食物来解决,"球赛明天几点钟开始直播?"这个问题需要通过确认电视台的节目时间表来解决。我们在生活中遇到的问题是千变万化的,而所有的问题都要求你找出相应的解决策略并执行策略。

问题之所以会产生,是因为现实与人们的期望存在落差。当期望与现实达成一致时,问题就从"必须解决的课题"变成"已经解决的课题"。

总之,问题生于落差,终于落差被消除。我们接下来要讲的麦肯锡工作思维及技巧,就是用于帮助大家消除这种落差的。

学会从零开始思考

我们总是当"事后诸葛亮",而不能洞察先机。说到底,还是因为不善于发现问题,只能等到问题彻底暴露后才注意到它。解决办法的原理其实很简单——从零开始思考。

"从零开始思考"意味着我们要抛弃既有的经验和想法,从新的角度思考问题。这样做会耗费你更多的时间和精力,而直接照搬成功经验比较省力。所以,人们在大多数情况下很容易被以往的成功经验所束缚,以至于不能注意到事物的变化,不能及时察觉处于萌芽状态的新问题。

现代社会的速度很快,许多新事物没过几年就会沦为旧事物。因此,麦肯锡人提倡时刻保持"从零开始思考"的习惯,摒弃那种不断重复使用同样方法的惯性。他们每一次开始着手新任务的时候,都会通过"从零开始思考"来积极寻找创新的路径,力求站在更高的起点上。

初学者常见的瓶颈

以下是刚开始学习麦肯锡工作思维的人可能遇到的瓶颈,请对照一下自己存在哪种问题。如果没有,恭喜你;如果有,请根据个人情况选择有针对性的改进办法。

瓶颈类型	具体表现	改进办法
迷信经验主义	舍不得放弃那些为自己带来过辉煌的经验,看问题的角度始终停留在老路上	重写自己以前写过的某个话题,从头开始查阅资料、设计大纲,最后对照一下自己的新作品跟以前比有哪些变化
完全否定经验	这是走上了另一个极端。从零开始思考并不等于要否定所有的经验,而是要求实创新	在一个备忘录上写下自己采用过哪些工作方法,并统计成功或失败的次数,从中挑选出有重复使用价值的老办法

 ▶ 麦肯锡专家有话说

世界上大部分被称为"可能是问题"的"问题",事实上几乎都不是商业或研究上真正有必要处理的问题。如果全世界被称为"可能是问题"的"问题"共有一百个,那么在当下需要判断清楚是非黑白的问题顶多只有两三个而已。

——麦肯锡研究小组亚太地区核心成员、日本管理咨询专家 安宅和人

找出"真正的问题"

工作现状小检查

你在工作中是否遇到过以下情况？如果有，请在括号里打"√"。每空1分，总分最高5分，最低0分。得分越高，说明你在工作中存在的问题越多；反之则说明你有良好的工作习惯。

( )	1. 以为解决了某个问题就能获得胜利，结果被残酷的现实打脸
( )	2. 跟别人争执不下，工作进展因此陷入僵局
( )	3. 执拗地反复尝试同一个办法，失败了也不改弦更张
( )	4. 一切都按"专家"说的去做，结果还是无法解决问题
( )	5. 听了很多建议，但不知道哪一个建议才是真正有用的
症结诊断	如果出现以上情况，说明你处于"缘木求鱼"的状态，根本没有搞清楚解决问题的方向。这就好比是抓痒：一旦找到痒点，只需轻轻一挠就不痒了；否则就算你抓破了皮，也还是痒得难受。这个"痒点"就是"真正的问题"

找不出"真正的问题"是最大的问题

当商品在某个目标市场里卖不动的时候,不少公司会把问题归结为"市场形势不好",决定退出该市场。可是,他们的竞争对手的同类产品往往能在该市场中畅销。

由此可见,"市场形势不好"并不是导致销售失败的根本原因,"真正的问题"在别的方面。由于公司设定了错误的问题,推导出的解决方法自然也是错误的,结果注定要失败。

找不出"真正的问题",就不能解决问题。大多数人把寻找答案当成工作思维的起点。而麦肯锡工作思维有所不同,起点是找到问题,把"真正的问题"找出来后再去寻找答案。这样做的最大优点是不会在不必要的问题上浪费精力。

麦肯锡解决问题的战略模型

解决问题的战略模型是几代麦肯锡专家的智慧结晶,它主要包括以下几个部分:

1. 业务需求

业务需求包括竞争需求、组织需求、财务需求和运作需求。所有的问题都是由这四个需求产生的。

2. 分析

根据具体问题提出初步假设的解决方案,然后搜集分析相关数据,考察分析结果是证实还是证伪了假设,并向客户提出成熟的解决方案。

3. 汇报

没有得到认可的解决方案毫无价值。向每一个相关者汇报自己的解决方案，让他们充分了解和支持你的想法。

4. 管理

管理所在团队，满足客户的需求，解决各种问题，并且努力维持工作与生活的平衡。

5. 实施

集中精力执行已经得到认可的解决方案，以合理的流程来排除各种阻碍，让方案得以顺利实施。

6. 领导力

组织协调各方面的人力和资源来实施解决方案，做出正确的决策，就是领导力。

本书接下来要讲述的内容，都是从麦肯锡解决问题的战略模型衍生出来的。所以，大家应该熟记这个基本的理论框架。

初学者常见的瓶颈

以下是刚开始学习麦肯锡工作思维的人可能遇到的瓶颈，请对照一下自己存在哪种问题。如果没有，恭喜你；如果有，请根据个人情况选择有针对性的改进办法。

瓶颈类型	具体表现	改进办法
误判问题的实质	在寻找"真正的问题"的过程中被错误的信息或者思维惯性误导	把自己想象成寓言"盲人摸象"中的盲人,仔细回想自己可能忽略了什么问题
不肯反思自身	没有及时意识到自己的错误,继续执着地使用已经被证明失败了的方法	先放弃自己的想法,大胆尝试一下别人的提议。对比别人的办法和自己的办法哪个更有效

▶ 麦肯锡专家有话说

或许有人暗自忖度,所谓的"问题",就是别人提供已知条件给自己。没错,确实有这样的情况。至少在学生时代,问题便是由教师提供的;而且所谓优秀的学生,是指能够针对教师所提出的问题,有效率地给出正确解答的学生。但是,在现实社会里,很少有主管会像教师布置作业一样来对待下属。没接收到问题就不会采取任何行动,这样被动的态度并不可取。解决问题的出发点就是要积极发掘出问题所在。

——麦肯锡公司前咨询顾问、日本高杉尚孝事务所代表　高杉尚孝

所有的问题都可以归为三大类

工作现状小检查

你在工作中是否遇到过以下情况?如果有,请在括号里打"√"。每空1分,总分最高5分,最低0分。得分越高,说明你在工作中存在的问题越多;反之则说明你有良好的工作习惯。

( )	1. 不擅长分析问题的重点在哪里,每次做事都是胡子眉毛一把抓
( )	2. 别人说我的解决思路跑偏了,但我一点感觉都没有
( )	3. 使用了自己以前的成功经验,奇怪的是这次完全无效
( )	4. 想直接借鉴别人的成功经验,结果闹出了东施效颦的笑话
( )	5. 面对一堆问题时头昏眼花,找不出对症下药的办法
症结诊断	如果不对问题进行归类分析,就抓不住问题的核心,解决难度自然随之增加。问题是千变万化的,往往是一把钥匙开一把锁,一刀切的处理方式是最不可取的。不过,所有的问题都可以归入三大类,只要认清类别就能对症下药

麦肯锡人眼中的三大基本问题

所有的问题都是期望与现实之间的落差，解决的方法就是消除这种落差。根据消除方式的不同，麦肯锡人将问题划分为三大类型：

1. 恢复原状型问题

这类问题的特征是出现了明显的不良状态。其解决之道就是将事物恢复到原来的正常状态。比如，治疗疾病、维修电器等行为都是在处理恢复原状型问题。

2. 防范潜在型问题

这类问题的特征是当前没有什么毛病，但未来会出现不良状态，不可以放任不管。其解决之道就是预防隐患，保持事物的现状。比如，预先准备行李、排查老旧设备等行为都是在处理防范潜在型问题。

3. 追求理想型问题

这类问题的特征是对当前状况没有危害，不管也不会出现不良状态，但是期望现状能有所改善。其解决之道就是把理想变成现实。比如，报考重点学校、做奥运会赛前准备等行为都是在处理追求理想型问题。

三大基本问题的区别

恢复原状型问题和追求理想型问题的主要区别是目的不同。前者对事物的原状感到满意，希望恢复到以前的状态；后者则认为原状和现状都不够好，希望达到更好的状态。同一件事情，如果当成恢复原状型问题来处理，就会主要采取修复手段；如果当成追求理想型问题来处理，就会主要采取促进手段。

防范潜在型问题的目的与恢复原状型问题一样，都是希望维持原先的正常状态。但它和追求理想型问题都属于潜在型问题，即现阶段并没有发生损害，但未来会发生变化。而恢复原状型问题属于显在型问题，现阶段已经出现了损害。

总之，三类问题各有异同点，世界上绝大多数问题都包含在其中。我们该采取什么样的解决思路，取决于对问题性质的判断。

初学者常见的瓶颈

以下是刚开始学习麦肯锡工作思维的人可能遇到的瓶颈，请对照一下自己存在哪种问题。如果没有，恭喜你；如果有，请根据个人情况选择有针对性的改进办法。

瓶颈类型	具体表现	改进办法
问题分类不准确	把恢复原状型问题错当成追求理想型问题，或者把防范潜在型问题错当成恢复原状型问题	阅读一些著名企业在发展过程中解决困难的案例，对当时困扰管理者的具体问题进行分类
对问题特征不熟	在面对具体问题时忘了三个问题的主要特征，导致无法快速识别需要解决的是哪一类问题	反复阅读麦肯锡的理论，强化对基本概念的理解

▶ 麦肯锡专家有话说

当我们每天为例行公事而忙得团团转时,我们其实很难察觉问题的存在。不过,当期待与现状的落差趋于明显,演变到任谁都能轻易察觉的阶段时,问题已经变得积重难返了。因此,我们最好在初期阶段,事态尚未扩大时就发现问题。发现问题的关键是对事物的变化要足够敏感。

——高杉尚孝

恢复原状型问题：回到从前就好

工作现状小检查

你在工作中是否遇到过以下情况？如果有，请在括号里打"√"。每空1分，总分最高5分，最低0分。得分越高，说明你在工作中存在的问题越多；反之则说明你有良好的工作习惯。

（　）	1. 费尽心思改良某些东西，但别人丝毫不领情
（　）	2. 不明白为什么有的人批评你总是喜欢画蛇添足
（　）	3. 在工作过程中产生了一些损失，不知道应该怎么弥补
（　）	4. 总是在同一个问题上栽跟头，不知该怎样防患于未然
（　）	5. 搞不清出现的结果到底是现象还是原因，从而束手无策
症结诊断	对问题的类型认识不清，把恢复原状型问题错当成其他类型的问题，导致解决思路出现严重的偏差。从表面上看，你非常努力且迫切地想解决问题，但没把握好恢复原状型问题的关键，越努力就离有效解决问题越远

处理恢复原状型问题的关键

我们在生活中碰到最多的就是恢复原状型问题，处理此类问题的关键在于分析原因。不良状态的产生原因多种多样，假如不能找出真正的原因，就只能做一些治标不治本的紧急处理，而无法从根本上解决问题。分析原因的时候要力求掌握现状，把问题发生在什么时间、什么地点等情况都调查清楚，以事实为基础来构思解决方案。

人们往往习惯依赖自己的直觉和经验来工作，而不太重视事实分析。这种习惯无助于发现问题的成因。麦肯锡公司的顾问则会选择彻底进行事实调查，并将查明的事实用简单易懂的形式传达给客户，让对方能正确认识恢复原状型问题。

解决恢复原状型问题的三种策略

当掌握了事实的情况后，我们可以通过以下三种方式来恢复原状。

1. 紧急处理策略

初步掌握了现状，但只是从表面上来判断不良状态产生的原因。在这种背景下，我们只能采取一些针对表面现象的紧急处理措施，让该事物恢复一部分原状。

2. 根本解决策略

在掌握更多情报后，根据不良状态产生的原因来量身定做解决方案。只要解决方案被贯彻执行，就能将该事物完全恢复原状。

3. 防止复发策略

这种策略通常是在问题经过根本解决策略处理后使用的配套策略。针对分析出来的原因采取防范措施,使其不再构成威胁。

上述三种策略在工作中经常会被交替使用。其中,防止复发策略容易被遗漏,从而导致问题周而复始地出现。

初学者常见的瓶颈

以下是刚开始学习麦肯锡工作思维的人可能遇到的瓶颈,请对照一下自己存在哪种问题。如果没有,恭喜你;如果有,请根据个人情况选择有针对性的改进办法。

瓶颈类型	具体表现	改进办法
错判"原状"	虽然明确需要解决的是恢复原状型问题,但没弄清楚"原状"是什么样的状态,导致无法让事情恢复原有局面	不要以想当然的态度去理解"原状",应该多多查阅资料,全面认识"原状"的细节和恢复条件
画蛇添足	由于努力过头,在恢复原状时加入了"原状"本来没有的东西,导致新的问题出现	严格遵循恢复原状型问题的规律,不要自作聪明地做多余的事情,要懂得适可而止

 ▶ 麦肯锡专家有话说

如果我们不分析问题产生的根本原因,就会变成只对问题的表象进行处理,并不会将问题彻底解决。

——高杉尚孝

防范潜在型问题：居安思危，未雨绸缪

工作现状小检查

你在工作中是否遇到过以下情况？如果有，请在括号里打"√"。每空1分，总分最高5分，最低0分。得分越高，说明你在工作中存在的问题越多；反之则说明你有良好的工作习惯。

( )	1. 不能提前发现隐患，直到火烧眉毛时才恍然大悟
( )	2. 尽管平时谨小慎微，但还是隔三岔五地出现一些纰漏
( )	3. 看到自己出现低级错误时，完全不明白当初为什么会漏算
( )	4. 当危机爆发时，六神无主，不知所措
( )	5. 觉得那些防微杜渐的措施是小题大做，事后才追悔莫及
症结诊断	对问题的类型认识不清，把防范潜在型问题错当成其他类型的问题，导致解决思路出现严重的偏差。忧患意识淡薄，总是抱有侥幸心理，缺乏一套成熟的危机管理机制，事前疏于防范，事后懒于总结，对潜在问题缺乏足够的重视

处理防范潜在型问题的关键

按照麦肯锡的理念，真正的问题解决者不会等到不良状态完全显现时才动手，而是主动查找防范潜在型问题。解决此类问题的关键在于"预防"与"应对"相结合，制定出防患于未然的预防措施以及处理已出现的不良状态的应对措施。

想要做到这点，首先得查明不良状态的诱因。分析办法跟恢复原状型问题有相似之处，但由于不良状态并未显现化，因此分析难度和解决思路有所不同。总体而言，防范潜在型问题的指导思想是危机管理，而不是紧急处理，风险分析是最核心的环节。

为了更好地处理此类问题，很多组织都设有危机管理团队，该团队可以快速应对所有的紧急情况，并且有足够高的权限调动相应的资源。

两种解决思路

防范潜在型问题主要有两种解决思路，即由下而上法和由上而下法。

1. 由下而上法

此法从分析现状开始着手，具体包括四个步骤：

（1）从现状中找到必须关注的特定因素。

（2）归纳自己不希望遇到的不良状态。

（3）拟定预防策略，排除可能的诱因。

（4）预先拟定不良状态出现时的应急措施。

2. 由上而下法

此法从假设自己不希望看到的结果着手，再查明诱因，具体包括以下四个步骤：

（1）假设自己不希望看到的不良状态。

（2）确定引发不良状态的诱因。

（3）拟定预防策略，排除可能的诱因。

（4）预先拟定不良状态出现时的应急措施。

两种方法的主要区别是开始调查时的切入点不同，但最后两个步骤殊途同归。如果这两种方法同时使用，效果就会更好。

初学者常见的瓶颈

以下是刚开始学习麦肯锡工作思维的人可能遇到的瓶颈，请对照一下自己存在哪种问题。如果没有，恭喜你；如果有，请根据个人情况选择有针对性的改进办法。

瓶颈类型	具体表现	改进办法
忧患意识不足	虽然知道应该注意隐患，但每当发现细微的变化时都觉得不会出什么大问题	每次发现新的小问题时，都要告诫自己"××无小事"，要认真对待它。确认不成问题后再放松也不迟
忧患意识过度	充满焦虑情绪，过于杞人忧天，总是小题大做，无谓地浪费精力和增加成本	越焦虑越容易忙中出错。学会举重若轻，减少不必要的焦虑。相信自己，严格遵守规章流程，就不会出什么大问题

▶ 麦肯锡专家有话说

　　要拟定出好的预防策略和应对策略，前提是要找出不良状态的原因。其做法类似恢复原状型问题的分析原因，但不同的是，防范潜在型问题尚未引发不良状态，因此我们不把引发不良状态的因素称为原因，而是称为"诱因"。防范潜在型问题与恢复原状型问题的决定性差异就在于，不良状态是否已经显现出来。因此，这两种问题的解决方法并不相同。

——高杉尚孝

追求理想型问题：一切为了改变现状

工作现状小检查

你在工作中是否遇到过以下情况？如果有，请在括号里打"√"。每空1分，总分最高5分，最低0分。得分越高，说明你在工作中存在的问题越多；反之则说明你有良好的工作习惯。

( )	1. 搞不清自己真正想要什么，只是按部就班地被动工作
( )	2. 时不时发出"心比天高，命比纸薄"的感慨
( )	3. 感觉追求远大目标太累了，只是嘴上说说而不愿行动
( )	4. 自诩理想主义者，但总是做着与"理想"背道而驰的事
( )	5. 努力到一半时，突然觉得保持原状更好，于是就放弃了目标
症结诊断	对问题的类型认识不清，把追求理想型问题错当成其他类型的问题，导致解决思路出现严重的偏差。毫无目标，只是随波逐流；目标定得过高，根本无法实现；目标定得太低，毫无干劲；选择了错误的目标，最终骑虎难下

处理追求理想型问题的关键

追求理想型问题就算暂时搁置也没有什么坏处，但对希望更上一层楼的人来说，是不容回避的。不良状态的本质是理想与现实之间的落差，通过努力奋斗来弥补这个落差，是一件振奋人心的事情。

不过，在处理此类问题时，你应该扪心自问，自己是否真的愿意为理想付出心血。因为追求理想型问题即使长期搁置，也不会给你带来太大的困扰。你只是一直在维持现状而已。如果没有价值观、兴趣爱好等因素提供动力，大部分人会放弃自己的理想。此外，假如追求理想的成本较高，人们往往会放弃追梦，或者降低自己理想的标准。

实践理想离不开做规划

理想与现实的落差通常与当事人的能力、价值观、立场、时间等因素有关。按照明确的规划脚踏实地地努力，是消除这个落差的不二法门。这个规划通常包括以下四个要素：

1. **设定完成目标的期限**

没有限定期限的规划都是一纸空文，因为你可以把问题永远留给"明天"。设定目标期限要切合实际，不能过于短促，也不能过于宽松，应该让人留有充足的工作时间但又带有一定的紧迫感。

2. **列出实现理想的必要条件**

需要什么样的能力，需要多少资金，需要什么样的平台，需要哪些帮手，等等，这些条件都是你实现理想的资本。缺失的条件就是你奋斗路上的阻碍。

3. 学习必备的技术和知识

这是你实现理想的智力资本。假如知识结构存在短板,你就要考虑抽出足够的时间去进修。

4. 制订具体的实施计划

用时间轴来串联实现理想必备的条件和知识技术,把积累条件和学习知识的过程分解为一个个小任务,按照合理步骤进行排序。按计划逐步完成一个个小任务,积少成多实现最终的大目标。

初学者常见的瓶颈

以下是刚开始学习麦肯锡工作思维的人可能遇到的瓶颈,请对照一下自己存在哪种问题。如果没有,恭喜你;如果有,请根据个人情况选择有针对性的改进办法。

瓶颈类型	具体表现	改进办法
理想脱离实际	没有认清客观形势,不能正确评估自己的能力和资源,导致无法实现预定目标	学会根据当前的实力水平和资源掌握情况来做战略规划,尤其是短期规划,应该务求循序渐进,舍弃不能立即着手的高远目标
混淆目的和手段	错把手段当目的,以至于在努力的过程中不断舍本逐末,偏离最初的方向	当同伴提出异议时,就应该及时检查自己有没有忘记初衷。无论是什么计划,每执行一段时间都要回头看看有没有走偏

> **经验加油站** ▶ **麦肯锡专家有话说**
>
> 　　无论你是否设定了理想形象，请注意不要混淆了"实现最终价值"与"追求理想"。前者是目的，后者是手段。举例来说，在个人层面上，某人为了达到增进健康的目的，将购买理想的健身器材当作手段。但有一天，他发现自己把购买器材当成了目的。因为他买了很多健身器材，却很少使用它们。在追求理想之际，必须时常自省最终想要实现的价值和目的是什么，否则很容易将手段与目的搞混淆了。
>
> ——高杉尚孝

第二章
设置课题，明确自己为了什么而做

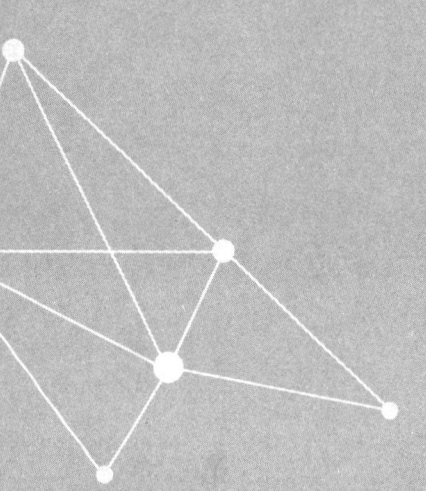

　　发现问题只是让我们初步明确了思考方向，距离找出真正的答案道路还很漫长。因为有些人觉得问题并不是问题，没有必须找到答案的必要性，于是放弃思考解决之道。毫无疑问，你身边的很多"聪明人"都是这样做的。还有一种人，确实想解决问题，但只是不假思索地做，盲目地相信车到山前必有路。此举将导致他们白做工，搞不明白自己是为了什么而做。为此，麦肯锡的管理咨询专家建议大家学会以课题来统筹工作方向，把头绪理清楚，为思考对策奠定基础。

SCQA 分析：从发现问题到设置课题

工作现状小检查

你在工作中是否遇到过以下情况？如果有，请在括号里打"√"。每空1分，总分最高5分，最低0分。得分越高，说明你在工作中存在的问题越多；反之则说明你有良好的工作习惯。

( )	1. 虽然能发现问题，但不知道应该从什么地方着手解决
( )	2. 对事物的变化非常迟钝，被人提醒后才会注意到
( )	3. 抱有"每天有那么多事要做，哪有精力去研究课题"的想法
( )	4. 没有接收到别人提出的问题时，就不会采取任何行动
( )	5. 从不主动去寻找课题，觉得没必要费那么多脑筋
症结诊断	没有积极思考的习惯，懒得去主动发现问题。当问题摆在面前时，也依然低估其负面影响。以种种理由逃避深思熟虑，总是等着别人来给自己指明方向，甚至提供现成的答案。不善于通过设置课题来理出头绪，一味地闷头蛮干

什么是SCQA分析

SCQA分析是麦肯锡公司经常使用的方法，这套工具的主要功能是有效地持续控制"发现问题和设定课题的过程"。SCQA分析主要分为以下五个实施步骤：

（1）Protagonist（主角）。具体描述当事者（个人或公司）的价值观和特征鲜明的行为准则。

（2）Situation（状况）。描述当事者目前的稳定状态，无论好坏，只要是长久而持续的，都属于"稳定状态"。

（3）Complication（障碍）。假设一个足以颠覆稳定状态的事件或障碍。

（4）Question（课题）。针对这个问题，假设一个对主角来说最重要的疑问。

（5）Answer（回答）。提出有足够说服力的解决课题的手段。

无论用谁来做主角，后面四个步骤都是一致的，所以麦肯锡人选取这些步骤的英文名称缩写，将该方法称作"SCQA分析"。SCQA分析法的精髓是，通过描述当事者的状况和心理活动来勾勒出问题的全貌，并由此引出反映问题本质的课题。

SCQA分析法通过用讲故事的方式来帮助我们发现问题、设置课题。在Q环节中，当事者会产生很多假设性的疑问，还要判断问题究竟属于恢复原状型、防范潜在型还是追求理想型。在一连串的疑问中，那个让当事者最在意、最想找到答案的疑问，就是应当设置的研究课题。

初学者常见的瓶颈

以下是刚开始学习麦肯锡工作思维的人可能遇到的瓶颈，请对照一下自己存在哪种问题。如果没有，恭喜你；如果有，请根据个人情况选择有针对性的改进办法。

瓶颈类型	具体表现	改进办法
没遵循SCQOR架构	讲故事没有严格按照SCQOR架构来展开，导致故事展开过程存在漏洞，不能顺利进入解决收尾阶段	按照"设定状况—发现问题—设定课题—克服障碍—解决收尾"来展开故事
故事涵盖范围不明	故事结构中的舞台范围不明，也就是缺乏成型的世界观，最终引导出来的策略可能跟最初设定的状况不符	像创作小说一样设定好世界观，把故事的涵盖范围确定清楚，然后再逐步展开故事

注：SCQOR是Situation（设定情景）、Complication（发现问题）、Question（设定课题）、Obstacle（克服困难）、Resolution（解决收尾）的首字母缩写。

 ▶ **麦肯锡专家有话说**

所谓"故事展开"，是指在金字塔结构最重要的关键层级中，逻辑连接词如何串联信息。当然，关键层级之下的次要层级，或次次要层级，也有故事展开。如果以电影或戏剧来比喻，关键层级的故事展开就是"幕"，而次要层级为"景"，次次要层级则对应为"段"。

——高杉尚孝

弄清问题的关键在于正视事实

> 工作现状小检查

你在工作中是否遇到过以下情况？如果有，请在括号里打"√"。每空1分，总分最高5分，最低0分。得分越高，说明你在工作中存在的问题越多；反之则说明你有良好的工作习惯。

（　）	1. 没有自己想研究和解决的课题，只会机械地走工作流程
（　）	2. 不懂什么是值得思考的课题
（　）	3. 想了不少课题，结果被领导批评不切实际
（　）	4. 没有搞清楚课题的关键所在，做出了错误的决策
（　）	5. 发现当前策略存在漏洞后，仍然拿不出什么解决办法
症结诊断	所有的症结都出在没吃透问题上，分不清主要矛盾和次要矛盾，也没搞懂解决问题需要具备什么样的主客观条件。这样一来，你制订的解决方案必定会偏离正确的方向，让问题因悬而未解而变得复杂化

一切从掌握事实开始

你真的明白"问题的关键"吗？这个问题值得我们思考，特别是在工作不顺利的时候。麦肯锡人认为，解决问题应该从了解事实开始。从你接到工作任务的第一天开始，你就要读遍相关外部资料和公司内部的数据，务求充分了解事实的各个细节。只有这样，你才能阐述问题的每个部分，然后分析出问题的关键所在。

麦肯锡的分析工具五花八门，但无论概念和术语怎么变化，对事实进行细致而深入的分析都是共同要求。从事实出发有两个好处：

1. 事实能纠正直觉和经验的错误

人们往往凭直觉和经验来做决策。越是工作经验丰富的人，越相信自己的直觉。但隔行如隔山，新问题总是层出不穷，过分依赖直觉和经验容易导致失败。假如你充分了解事实，就能及时发现新问题，少走一段用旧方法试错的弯路。

2. 事实能让解决方案更加可信和可行

任何解决方案只有建立在事实的基础上才是可靠的。客户由于种种因素没发现或不承认问题的关键所在，所以问题才迟迟没有解决。麦肯锡的咨询专家在行业经验上并不比客户占优势，但他们的解决方案能赢得客户的信赖，主要原因就是尊重事实、立足事实。

初学者常见的瓶颈

以下是刚开始学习麦肯锡工作思维的人可能遇到的瓶颈，请对照一下自己存在哪种问题。如果没有，恭喜你；如果有，请根据个人情况选择有针对性的改进办法。

瓶颈类型	具体表现	改进办法
主次不分	自以为是精益求精的匠人，实际上沉溺于完善不重要的细节而忽略了全局，导致工作迟迟没有进展	学会抓大放小、有所取舍，不要在无关紧要的细节上纠缠不清
多线作战	没有围绕首要课题展开工作，把精力分散到多个课题上。挖坑不少，但没一个坑能认真填完	学会一次只专注于一个课题，所有无关的事情都暂时搁置。解决好一个课题再进行下一个

 ▶ 麦肯锡专家有话说

尽管事实是有力的，但很多商界人士还是会畏惧它们。或许他们害怕如果对事实的研究过于仔细，自己或者上级会发现不愿看到的事实。或许他们认为假如不去研究，讨厌的事实就会自动消失——实际上不会。隐瞒事实预示着失败，真相最终会大白。你必须做到不畏惧事实，尽量去探求事实，要以事实为基础。

——麦肯锡公司前咨询顾问、美国投资银行家　艾森·拉塞尔

不明白问题出在哪里，找"逻辑树"帮忙

工作现状小检查

你在工作中是否遇到过以下情况？如果是，请在括号里打"√"。每空1分，总分最高5分，最低0分。得分越高，说明你在工作中存在的问题越多；反之则说明你有良好的工作习惯。

（　）	1. 经常想不明白问题出在哪里，也不知道该怎样打破僵局
（　）	2. 思考问题产生的原因时，往往会忽略重要的线索
（　）	3. 发现了很多问题，但搞不清哪个才是主要问题
（　）	4. 发现原先的策略并没有效果，但绞尽脑汁也没找到原因
（　）	5. 没听说过"逻辑树"，觉得这种分析工具好像没什么用
症结诊断	考虑问题的时候凭空瞎想，根本不讲究章法，没法从繁杂的反馈信息中捕捉到那个关键信息。平时粗枝大叶惯了，也不懂得使用一些分析工具来辅助自己查找问题。漫无目标地思考当然会让你变得效率低下

"逻辑树"分析法

麦肯锡人习惯用结构化的方法去思考,"逻辑树"分析法就是一种结构化的思维工具。它把各种各样的要素组合在一起,用树状结构来展示问题。通过这种方法,我们可以从"广度"和"深度"两方面找出问题所在。以下是常见的"逻辑树"格式:

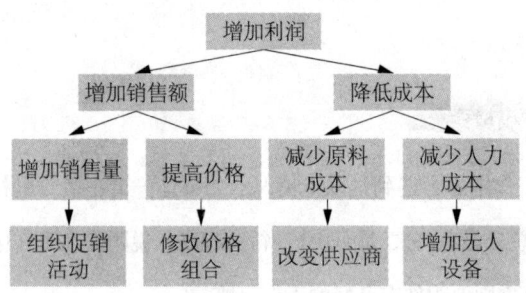

这个"逻辑树"的核心问题是"增加利润"。"增加销售额"和"降低成本"是实现该目标的两个主要思路。其中,"增加销售额"又可以通过"增加产品销售量"或"提高价格"的方法来实现,"降低成本"则可以通过"减少原料成本"或"减少人力成本"来实现。顺着这四个线索,我们可以找到"组织促销活动""修改价格组合""改变供应商"和"增加无人设备"四个对策。

"逻辑树"分析法的基本框架就是如此。如果你发现了遗漏的问题,可以把它添加到相应的位置。需要注意的是,最核心的问题永远排在"逻辑树"的最高层。

初学者常见的瓶颈

以下是刚开始学习麦肯锡工作思维的人可能遇到的瓶颈,请对照一下自己存在哪种问题。如果没有,恭喜你;如果有,请根据个人情况选择有针对性的改进办法。

瓶颈类型	具体表现	改进办法
跳过步骤	没有遵循"逻辑树"的制作流程,企图一口气找到答案,结果遗漏了提示问题关键的信息	严格遵循麦肯锡"逻辑树"工作法的步骤,一步一步地来,不可跳跃
遗漏要素	虽然画了"逻辑树",但由于考虑问题不够周全,遗漏了相关要素,导致判断失误	制作"逻辑树"的时候竭尽所能地穷举自己能想到的所有要素,直到再也想不出来再开始进行分析

> **经验加油站** ▶ **麦肯锡专家有话说**
>
> 即使是在相同的商品领域讨论经营战略,随着企业的不同,课题需要查明的地方也有所不同。就算业界本身看起来相差不多,企业各自的历史、文化及策略的差异也会导致课题发生相应的变化。在认为"课题就是这个"时,请确认一下它的主语。如果出现课题改变了,主语依然可以成立的情况,则我们很可能需要再确认一下查明课题的步骤是否存在漏洞。
>
> ——安宅和人

草拟具体的假说，形成一个好课题

工作现状小检查

你在工作中是否遇到过以下情况？如果有，请在括号里打"√"。每空1分，总分最高5分，最低0分。得分越高，说明你在工作中存在的问题越多；反之则说明你有良好的工作习惯。

（　）	1. 明确问题所在，但不知道该怎样把问题转化为研究课题
（　）	2. 设立了课题，但不知道接下来该怎样探讨
（　）	3. 提出了某个假说，但不知道该怎样去验证
（　）	4. 发现自己设置的课题根本找不到明确的答案
（　）	5. 提出的课题是没有必要立刻找出答案的"假课题"
症结诊断	没有学会用课题指导思路。对要解决的问题认识不深，提不出具体的假说，也不知道该怎样去检验自己的猜测。就算模仿别人提出课题，也不得要领，提不出好课题。说到底，还是思路不清晰，没有真正用心去想问题。

没有假说就没有好课题

麦肯锡人总是先根据自己的立场来提出一个具体的假说，然后再把证实或证伪那个假说当成研究课题。他们之所以这样做，是因为"假说"是好课题的三要素之一。一个值得研究的好课题，必然包含了三个要素：

1. 属于本质性的选项

好的课题一旦找到答案，就会直接影响参与者在后面的讨论方向。没有这种决定性的影响力的课题，要果断舍弃。

2. 包含深入的假说

所谓"深入的假说"，就是从颠覆常识的视角看问题，或者用新理论来解释普遍情况。当这个假说被验证后，所有的课题研究参与者都会认同这个假设的价值。

3. 可以找到答案

世界上有很多得不出答案的课题，这样的课题不是麦肯锡人眼中的好课题。假如不能找到答案，就不要把这个课题提上工作议程。

总之，好课题是"现在必须找出答案的事情"。通过检查上述三个要素，我们可以最大限度地避免工作走上岔路。

初学者常见的瓶颈

以下是刚开始学习麦肯锡工作思维的人可能遇到的瓶颈，请对照一下自己存在哪种问题。如果没有，恭喜你；如果有，请根据个人情况选择有针对性的改进办法。

瓶颈类型	具体表现	改进办法
提出"假课题"	在草拟假说之前没认真思考自己研究的问题是否有解决的必要，提出的课题毫无意义	检查自己的课题有没有必要找到答案。若没有答案也不影响工作进展，就不要为之费心
把假说当事实	做课题研究时没有进行严谨而充分的论证，直接把自己的假说当成了事实	养成凡事必须讲证据的习惯，而不是把自己的猜想直接当成论据来使用

  麦肯锡专家有话说

　　某连锁便利商店在检讨"整体营业额下降"的原因时，一开始提出的课题就是"究竟是'店铺数量减少'，还是'每一家店铺的营业额下降'"。若是前者，接下来的课题就是讨论店铺扩展速度或者是店铺的撤销及加盟者退出率；若是后者，问题就在于店铺运营方式。无论哪一种，可能都会让人觉得有道理，但实际上大多数案例都无法把课题方向细化到这种程度，而是认为"商品本身很好，是销售方式不对"或"问题一定出在店铺的扩张上"等，于是贸然采取行动。

——安宅和人

确立课题的五种方法

工作现状小检查

你在工作中是否遇到过以下情况？如果有，请在括号里打"√"。每空1分，总分最高5分，最低0分。得分越高，说明你在工作中存在的问题越多；反之则说明你有良好的工作习惯。

( )	1. 提出的课题内容太庞杂，主干不清楚
( )	2. 只有密密麻麻的文字描述，而没把课题转化成一目了然的图表
( )	3. 不明确自己想要通过研究课题达成什么目的，只是为提出课题而确立课题
( )	4. 没有反复审视课题本身可能存在的问题，急于向众人展示自己的假设
( )	5. 把偶然的小概率事件当成必然出现的事件来研究
症结诊断	课题的质量取决于你的思维严谨度。只有经过缜密而深入的思考，才能确立一个好课题。麦肯锡专家往往严格按照一定的步骤来设置课题，他们在确立课题的过程中会把思维过程清晰地展现出来，以便提高找答案的效率

想不出课题时,请用这些方法

以下五种方法可以帮你打开思路,确立一个好课题。

1. 删减要素

当相关要素太多时,人们可能会因为信息过载而搞不清哪里是重点。这时候,你可以删减那些不必要的要素,逐渐缩小讨论范围。当所有的变量精简到只剩下几个要素时,课题的核心内容自然就会呈现出来。

2. 问题结构可视化

人的大脑解读图像的速度比解读文字快。我们可以把问题的文字描述转化为图表。这样会让问题的结构变得一目了然,更容易找出关键所在。

3. 从最终情形反推

我们从"最终想要的结果"开始思考,逐步反推"理想的结果"和"实现这个结果的正确路径"。此方法能让我们更加明确研究的目的,从而确认最佳的研究方向。

4. 反复询问"所以呢?"

设置课题的直接目的是验证自己的假说是否成立。为了查明问题产生的根源,我们可以通过反复询问"所以呢?"来让假说变得越来越具体,这有助于追寻问题的核心。

5. 找出极端实例

我们可以选择几个极端实例,将其代入已知要素当中,观察哪个要素的变化是问题的关键。通过这种方式查明的关键要素,就是课题研究的主要对象。

初学者常见的瓶颈

以下是刚开始学习麦肯锡工作思维的人可能遇到的瓶颈，请对照一下自己存在哪种问题。如果没有，恭喜你；如果有，请根据个人情况选择有针对性的改进办法。

瓶颈类型	具体表现	改进办法
课题方向错误	提出的课题存在方向性错误，就算找出了答案也不能解决课题所针对的问题	多练习设置课题，寻找那些优秀课题案例进行对比学习，分析那些优秀课题有哪些特征
研究目标不明	课题计划看起来很完整，但没有明确研究课题的目标是什么，让人不知道为什么要研究这个课题	好好填写课题的研究目的，阐述自己需要通过研究这个课题来弄清楚什么事情

 ▶ **麦肯锡专家有话说**

即使严格执行前面提到的课题思考步骤，我们可能还是会碰到"不懂究竟什么是课题"的情况。这时候，究竟该怎么办呢？最简单的方法，就是让头脑休息片刻，然后重复刚才介绍的基本步骤，再次接触信息，与有见识的人讨论。但也可能遇到信息太充足，甚至搜集信息过量，或用于找出课题的智慧不足等情况。

——安宅和人

培养"MECE感",课题不重叠、不遗漏

工作现状小检查

你在工作中是否遇到过以下情况?如果有,请在括号里打"√"。每空1分,总分最高5分,最低0分。得分越高,说明你在工作中存在的问题越多;反之则说明你有良好的工作习惯。

( )	1. 不善于把课题分解开来,导致分析方向模糊不清
( )	2. 设置课题时百密一疏,忽略了重要的影响因素
( )	3. 想了很多课题,但不清楚哪个是关键课题,哪个是次要课题
( )	4. 先入为主,用自己心中的答案反过来构建课题
( )	5. 分析课题的角度过于单一,对某些隐患失察
症结诊断	智者千虑,必有一失。无论你思虑多么缜密,都可能出现重复出现课题或者遗漏重要条目之类的小错误。反复检查是避免疏失的主要手段,但在没有"MECE感"指导的情况下,我们很容易对某些差错熟视无睹

麦肯锡最重视的"MECE感"

为了让思考过程更加严谨周密,麦肯锡非常重视"相互排他性(Mutually Exclusive)"与"集合网罗性(Collectively Exhaustive)"两个概念,并将两者合二为一组成MECE思考法。这套分析法的基本理念是:把事物拆解开来分析,思考各个组成部分之间的联系,从结构去理解整体。MECE思考法不仅要求人们能拆解事物,还要求人们能将所有的要素完整还原,从而实现不重复、不遗漏的状态。

MECE思考法主要用于检查课题框架是否存在重复或遗漏,通常会出现四种结果:

1. 无遗漏、无重复

比如,把人分为"男性"和"女性"就属于既无遗漏也无重复的情况。因为这种分类同时满足了相互排他性和集合网罗性。

2. 有遗漏、无重复

比如,把人分为"已婚人士"和"未婚人士",就属于没重复但有遗漏(还可以分为"离异人士"和"丧偶人士")的情况。

3. 无遗漏、有重复

比如,把人分为"上班族""高收入人群""小康人群""低收入人群",就属于无遗漏但有重复的情况。因为,后三个群体中都有属于"上班族"的人。

4. 有遗漏、有重复

比如,把人分为"老年人"与"女性",就属于既有遗漏又有重复的情况。因为,老年人中还有男性,女性中还有中年人与少年儿童等类型。

我们在日常生活中经常运用这种思考方法,就能培养出"MECE感",在分析问题的过程中尽可能地避免遗漏和重复。

初学者常见的瓶颈

以下是刚开始学习麦肯锡工作思维的人可能遇到的瓶颈,请对照一下自己存在哪种问题。如果没有,恭喜你;如果有,请根据个人情况选择有针对性的改进办法。

瓶颈类型	具体表现	改进办法
问题分解不当	在分解课题的时候没有做到"彼此独立、互无遗漏",要么各个次要议题不是彼此独立的关系,要么存在遗漏现象	注意检查各个次要议题的独立性,跟同伴一起确认还有没有应该提到的独立次要议题
无意义分解	在分解课题的时候,虽然做到了"彼此独立、互无遗漏",但得到的都是大同小异的内容,分析起来让人一头雾水	在把课题分解为多个次要议题的时候,要确保每个次要议题都具有本质意义,且不能再继续往下分解

 ▶ 麦肯锡专家有话说

学习这些工具时,要事先确认自己是基于何种目的来使用这些工具。时时将解决问题放在心上,就会发现使用分析架构的目的是针对恢复原状型问题、防范潜在型问题,或是追求理想型问题。

——高杉尚孝

第三章
怎样把梳理信息变成你的强项

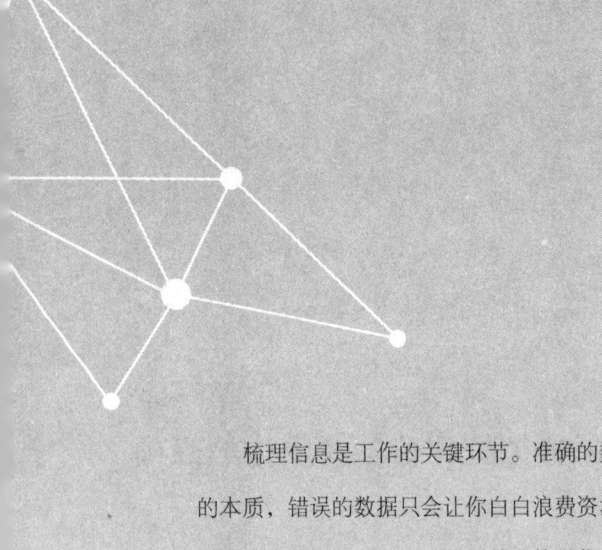

　　梳理信息是工作的关键环节。准确的数据能让你抓住问题的本质，错误的数据只会让你白白浪费资源和心血。工作效率低下的常见原因之一，正是不善于梳理信息。这会使你既无法搜集到足够且准确的有用数据，又不能充分利用自己掌握的数据。信息掌握得不充分、不准确，无论你多么有干劲，你都会不知道工作该从何处着手。麦肯锡工作法要求大家树立信息意识，从寻找可靠的信息来源到如何运用自身知识来整合情报，都有一套相应的技巧。在梳理信息环节少走弯路，工作效率才能有效提高。

获得数据的常见方法

工作现状小检查

你在工作中是否遇到过以下情况？如果有，请在括号里打"√"。每空1分，总分最高5分，最低0分。得分越高，说明你在工作中存在的问题越多；反之则说明你有良好的工作习惯。

( )	1. 不知道去哪里查阅需要用到的数据
( )	2. 不加分辨地把百度百科或维基百科当成权威
( )	3. 不加分辨地把知乎、果壳上的答案当成标准答案
( )	4. 不加分辨地把微博大V的头条文章或者微信公众号文章奉为圭臬
( )	5. 懒得自己搜集资料，要求别人直接给自己一个现成的答案
症结诊断	互联网时代的信息来源非常广泛，却也给我们造成了新的"信息迷雾"。很多人并不擅长搜集数据，也不懂得分辨数据是真是假，只想着在互联网上搜出一个现成的答案。归根结底还是懒得动脑

获得数据的主要途径

无论课题设计得多么完善,一旦代入错误的数据,就不可能得到正确的结果。能否获得准确的数据,首先取决于寻找数据的方法是否合理。因此,无论做科学研究还是市场调查,都必须写清楚获得数据的方法,以便检查数据的可靠性。

获得数据的方法有很多,主要分为以下类型:

1. 面谈

- 一对一深度访谈
- 座谈会式访谈
- 街头定点调查
- 拜访面谈
- 邀约面谈

2. 远程询问

- 网页调查问卷
- 电子邮件问卷
- 电话询问

3. 网上搜索

- 政府机关网站
- 专业学术网站
- 专业论坛
- 在线图书馆

- 网购书籍资料

4. 实地考察

- 观察消费者行动

- 跟踪事件线索

- 走访档案馆或图书馆

这些方法的成本和效果各异，有的方法可能不适合本次任务，但在另一个任务中能发挥重大作用。所以，我们应该根据具体的情况来选择适合本次行动的调查方法。此外，不同的方法采集的数据往往存在差异，这也需要我们认真对比分析，做出合理的取舍。

初学者常见的瓶颈

以下是刚开始学习麦肯锡工作思维的人可能遇到的瓶颈，请对照一下自己存在哪种问题。如果没有，恭喜你；如果有，请根据个人情况选择有针对性的改进办法。

瓶颈类型	具体表现	改进办法
盲信"三无"新闻	对那些没有具体时间、具体地点和具体人物的新闻，只要符合自己的价值观，就不加分辨地盲目相信	不要轻易相信任何没有具体时间、具体地点和具体人物的新闻，只要缺少了其中一个要素，就要在心中保留疑问
盲信网络词条	没有注意到网络百科词条是可以人为更改的，不加分辨地盲目采信此类信息	多查阅正规的专业书籍资料，不要只是从网络百科词条或者营销号推荐的文章里了解情况

> **经验加油站** ▶ **麦肯锡专家有话说**
>
> 　　建议各位先不要思考"更可能获得哪种数据",而是以"想要获得什么样的分析结果"为起点制作分析意象。这时候,还要特别注意要以"从课题开始"的思路来设计分析。先想着"这部分应该可以获得数据"而勉强进行数据分析设计,其实是本末倒置的做法,一旦犯下这个错误,前面进行的查明课题的努力就都白费了。像这样从课题的观点出发,加强数据搜集的方式,有助于提升自我能力。这是一种好现象。
>
> 　　　　　　　　　　　　　　　　　　　　　　——安宅和人

搜集一手信息,不轻信二手情报

工作现状小检查

你在工作中是否遇到过以下情况?如果有,请在括号里打"√"。每空1分,总分最高5分,最低0分。得分越高,说明你在工作中存在的问题越多;反之则说明你有良好的工作习惯。

( )	1. 不懂得什么是第一手信息,什么是第二手信息
( )	2. 拿到第二手信息就急于发表意见,而没有认真查证信息来源是否可靠
( )	3. 看到与自己观点相符的信息就不假思索地轻信
( )	4. 认为与自己观点不符的信息一定是假消息
( )	5. 单纯依赖书面报告,而没有亲自到现场调查
症结诊断	缺乏信息甄别能力和实事求是的严谨作风。凡事以理念先行,只看有利于自己的信息,无视一切对自己不利的信息。懒得深入现场调查,没意识到他人转述的信息已经被过滤了

第三章 怎样把梳理信息变成你的强项

一手信息最可靠,二手情报不可轻信

麦肯锡工作思维以事实为基础,但很多人对"事实"缺乏准确的认识。当我们从报纸或网络上看到一则新闻时,我们会下意识地认为它讲述的是事实,其实不然。无论是新闻媒体还是自媒体,发出的都不是一手信息,而是经过自己加工、掺入了第三者意见的二手情报。无论发布消息的主体多么权威,经过过滤的二手情报跟一手信息都不能画等号。

比如,我们在写调查报告时引用的《××白皮书》原文中的数据和观点都属于一手信息,而我们自己这份调查报告对别人来说就是二手情报。又如,我们在现场跟某位客户交流得到的信息是一手信息,但我们整理出来的聊天记录对别人而言则属于二手情报。

在麦肯锡,二手情报只能算是观点,而不是事实,事实永远藏在一手信息中。为了拿到一手信息,我们应该高度重视原文资料和现场勘查。这样有助于我们发现二手情报中没有提及的内容。

初学者常见的瓶颈

以下是刚开始学习麦肯锡工作思维的人可能遇到的瓶颈,请对照一下自己存在哪种问题。如果没有,恭喜你;如果有,请根据个人情况选择有针对性的改进办法。

瓶颈类型	具体表现	改进办法
依赖二手信息	懒得投入时间和精力去自己调查一手信息，只是一味照搬自己眼中的权威人士给出的二手信息	意识到任何权威人士的意见都是经过过滤的二手信息，可能会遗漏某些你很在意的信息
迷信书面资料	只是查阅书面资料原文，而没有亲自走访现场。这种懒惰的做法往往会让你错过很多重要的非文字信息	养成走访现场的习惯，关注书面资料以外的其他信息。不仅要搜集文字信息，还要梳理相关的非文字信息

 ▶ **麦肯锡专家有话说**

我们在到各个现场接触一手信息的时候，就会听到现场人员由经验所衍生出来的智慧。我们不只可以听到无论读多少文字信息都不会知道的重点，甚至可以询问现场人员拥有什么样的问题意识，比如当前面临的瓶颈、不赞同一般人说法的理由、实际行动时真正应该确定的事情等。我们可以一口气吸收这些用钱也买不到的智慧。大部分的日本公司很少直接向外部专家咨询公司内部的事情，这真的很可惜。如果说原因在于"因为有很多事对公司外部需要保密，所以不能与外部交流"，那大部分的情况其实只是他们想多了。

——高杉尚孝

误区：为了调查而调查

工作现状小检查

你在工作中是否遇到过以下情况？如果有，请在括号里打"√"。每空1分，总分最高5分，最低0分。得分越高，说明你在工作中存在的问题越多；反之则说明你有良好的工作习惯。

( )	1. 直接照搬别人的调查问卷表来做调查
( )	2. 用问卷调查法应付一切调查工作
( )	3. 只想听自己想要的信息，而不愿用心了解完整的反馈信息
( )	4. 不知道怎么问出所需情报
( )	5. 不愿意花时间跟被调查对象深入交谈
症结诊断	以上都是为调查而调查的表现。无论采取什么调查方式，我们的根本目的都是解决问题。当你发现原先的调查并不足以得到答案时，你就会自觉地去调查更多信息，而不会只满足于完成一份调查报告

麦肯锡的调查不只是走过场

人们在运用前述的问卷调查法或面谈法采集数据时,可能会由于能力或动机的因素造成误差。假如你的调查问卷设计得不合理,那么就算得到多份填好的问卷,也得不出有用的答案。面对面的访谈也是如此,如果你缺乏提问技巧,则很可能会问出一个完全不同的答案。麦肯锡人把这种错误的做法称作"为调查而调查"。

无论是进行调查问卷还是面谈交流,真正的目的在于找出隐藏在表面现象之下的真相。当提问方式没有直接指向我们需要的答案范围时,回答者有可能会答非所问,或者给出一个模糊的答案。

比如,"你是否喜欢××商品"这个问题,就算调查对象在"喜欢"一栏打钩,也不代表他一定会掏钱购买。假如你的问题是"你在什么情况下会购买××商品",调查对象如果不想买就会说不想买,想买就会说明购买期望。这样就能有效区分哪些人是真正的潜在消费者,哪些人对你的商品并不感兴趣。你在此基础上形成的调查报告,才能反映出消费者真实的需求,制定出有针对性的解决方案。

初学者常见的瓶颈

以下是刚开始学习麦肯锡工作思维的人可能遇到的瓶颈,请对照一下自己存在哪种问题。如果没有,恭喜你;如果有,请根据个人情况选择有针对性的改进办法。

瓶颈类型	具体表现	改进办法
调查目的不清晰	没想清楚自己做调查是想获得什么样的信息。由于目标模糊不清，调查过程稀里糊涂，得不到有用的信息	每一次调查都写下自己要达成的目标，主要是想获取什么样的信息。当目标没有达成时，就要加大自己的调查力度
调查手段单一	不懂得采用多种调查方法，只要当前的调查手段受阻，就会停滞不前，摸不着头脑	借鉴你身边那些擅长调查的人的成功手段。当一种调查方法不能取得进展时，就换另一种手段试试

 麦肯锡专家有话说

将问卷调查中回答数量最多的内容当作解决办法实行，这样是行不通的。问卷调查的真正意义在于找出隐藏在表象之下的真相。

"人们真正想要的东西是什么？"

"能让人掏钱购买的东西是什么？"

通过直接地询问，让对方说出连他自己都没有意识到的潜在需求，这就是问卷调查和现场调研最重要的目的。麦肯锡的咨询顾问为了听到真实的声音，会亲自前往现场，自己站在售货员的立场上倾听顾客的声音，为了找出真正的需求而提出各种各样的问题——我也是坚持贯彻这样的方法。

——麦肯锡公司前咨询顾问、日本高管培训师　大岛祥誉

辨别"意见"和"事实",有效整合所得信息

工作现状小检查

你在工作中是否遇到过以下情况?如果有,请在括号里打"√"。每空1分,总分最高5分,最低0分。得分越高,说明你在工作中存在的问题越多;反之则说明你有良好的工作习惯。

( )	1. 分不清哪些信息属于事实,哪些信息属于意见
( )	2. 搜集了很多信息,但弄不清哪些才是有用的信息
( )	3. 同样的调查报告,别人能看出其中的价值,自己却一脸茫然
( )	4. 知识面不广,无法发现所得信息中的玄机
( )	5. 拘泥于书本教条,不善于用基本常识把各种信息联系起来
症结诊断	整合信息的能力不足,通常有两个原因:一个是缺乏相关知识,另一个是存在思维盲区。知识方面的短板可以通过学习来弥补,相对容易解决;思维盲区只有在当事人自己意识到时才能解决

意见≠事实

所谓"意见",指的是人们的主观看法,比如,"我认为是……"和"我估计可能会……",表达的都是带有主观性的意见。在听到这类句式时,你应该马上意识到对方提供的信息是主观意见。这个意见是否符合"事实",必须经过确认才能做出判断。

所谓"事实",指的是事物的客观情况,比如,"北京是中国的首都"和"小白菜属于绿叶蔬菜"都属于"事实"。此类信息一般是可以直接采信的,不过也不排除信息提供者记忆或理解有误的情况,所以还是先核对一下再取舍比较妥当。

无论是一手信息还是二手情报,都是由"意见"和"事实"组成的。人们常见的误区是把"意见"当成"事实"。比如,一则不确定的信息经过传播后会叠加无数传播者的"意见",导致"事实"被掩盖,这就是以讹传讹现象产生的原因。麦肯锡工作思维始终坚持以事实为基础,所以,我们在整理所得信息的时候,一定要注意区分意见和事实。

初学者常见的瓶颈

以下是刚开始学习麦肯锡工作思维的人可能遇到的瓶颈,请对照一下自己存在哪种问题。如果没有,恭喜你;如果有,请根据个人情况选择有针对性的改进办法。

瓶颈类型	具体表现	改进办法
缺乏基本常识	由于平时的关注面过于单一而缺乏基本常识。就算给出了相关情报，也无法看出其中的价值	通过在线精品课程或者相关学科的专业书籍来补充知识。养成良好的阅读习惯，建立自己的知识库
缺乏整合能力	什么信息都知道，偏偏不能把各种信息联系起来思考。结果讨论问题时就跟不知道相关信息一样	通过设置课题的方式来串联各种相关信息。逐个分析每个信息对研究课题的意义

 ▶ 麦肯锡专家有话说

　　在收集完所有的数据，完成所有的访谈之后，便会有一大堆事实要筛选。你的工作，就是"从麦壳里挑出麦子"，剔除不相关的东西，留下确实能证实或证伪你的初始假设的数据，然后总结出这些数据告诉了我们什么。这不仅仅需要具备理解能力，明白各项分析的意义，还需要具备丰富的想象力，把互不相关的事实联系成一个有机整体。这并非易事，一位麦肯锡校友曾坦言："收集和整理数据比思考要容易得多。"

——艾森·拉塞尔

信息搜集越多越好吗

工作现状小检查

你在工作中是否遇到过以下情况？如果有，请在括号里打"√"。每空1分，总分最高5分，最低0分。得分越高说，明你在工作中存在的问题越多；反之则说明你有良好的工作习惯。

（ ）	1. 搜集了大量信息，最后还是找不到答案
（ ）	2. 花了很多时间和精力去搜集信息，导致工期不断延迟
（ ）	3. 掌握了很多相互矛盾的信息，无从分辨孰是孰非
（ ）	4. 在搜集信息时沉溺于细节考证，逐渐偏离最初的调查方向
（ ）	5. 感觉自己每次都搜集了过多的无用数据
症结诊断	解决问题的对策来源于少数关键信息。搜集数据的目的就是找出这些关键信息。不善于筛选信息的人会做大量无用功，只是在增加垃圾数据而已。人的脑力有限，过多的信息会降低思考效率

信息搜集过头也是一个麻烦

麦肯锡专家的长期研究结果表明,信息并不是越多越好。人们在搜集信息的过程中会付出相应的时间、精力。当信息不足以解释事实时,你搜集的信息越多,对事实的了解就越准确,制订的解决方案也越完善。但是,一旦信息量超过某个程度,你就算获得再多的新信息,也不会改变原先的认识。这时候的信息搜集工作只是在白白浪费时间和精力。

此外,信息搜集过头可能会导致人们的思维变得僵化。根据麦肯锡专家的经验,当人们刚接触新问题的时候,人们会有很强的好奇心,激励自己不断地学习新知识,产生新创意。而对某个领域的一切都了如指掌的人,很难产生新点子,他们不知道怎样突破庞大的现有知识体系去开辟新领域,被大量常识束缚了头脑。

基于这种现象,许多一流的企业家都会高薪聘请第三方的咨询专家,以求引入新思维,重新激发公司组织的活力。而麦肯锡专家也提出不要"知道过头",在创意已经形成后及时停止搜集信息,专注于思考课题。

初学者常见的瓶颈

以下是刚开始学习麦肯锡工作思维的人可能遇到的瓶颈,请对照一下自己存在哪种问题。如果没有,恭喜你;如果有,请根据个人情况选择有针对性的改进办法。

瓶颈类型	具体表现	改进办法
信息价值判断不准确	分不清哪些信息是有价值的,哪些信息毫无用处,搜集了大量垃圾数据而不自知	紧密围绕问题来搜集信息,只要与问题无关,无论那个信息多么吸引人,都要无视它
不能及时停止调查	沉溺于搜集信息的过程,哪怕情报已经足够做出判断,却还要继续搜集信息	事前根据调查目标来确定需要哪几类信息,只要把这些信息集齐,就停止搜集信息,马上进入分析环节

 ▶ 麦肯锡专家有话说

越聪明、越优秀的人,越容易陷入"知道过头"的状态,一旦陷入该状态,就难以逃脱已有知识的限制。当某人对某个领域有兴趣,在刚获得新信息的阶段,一开始会有各种关心的内容或疑点。每次在向他人求教这些问题或找到答案的过程中,他都会加深自身的理解,并涌现出新的观点或智慧。在这些观点或智慧未消失的时候,也就是在不要变成"知道过头"的范围内,停止搜集信息,这正是在搜集用于确立课题的信息时的秘诀之一。

——高杉尚孝

检查组织的硬件和软件情况

工作现状小检查

你在工作中是否遇到过以下情况?如果有,请在括号里打"√"。每空1分,总分最高5分,最低0分。得分越高,说明你在工作中存在的问题越多;反之则说明你有良好的工作习惯。

( )	1. 对组织的硬件状况缺乏了解
( )	2. 对组织的软件状况缺乏了解
( )	3. 不知道组织里有哪些人可以帮助自己
( )	4. 不知道组织需要从外面引进什么类型的人才
( )	5. 不清楚组织目前的状态能否认同自己的解决方案
症结诊断	平时对组织的发展不够关心,事到临头才急忙了解情况,自然是一问三不知。有事业心的人应该具备一点运筹意识,了解组织的运作方式,把解决方案与组织当前的状况结合起来考虑

组织的主要硬件和软件

想要了解一个组织的发展现状,可以从以下几个方面着手:

1. 战略

(1)公司的市场定位是什么(是否具有差异性)?

(2)公司当前的战略重心是什么(公司不该做什么事)?

(3)公司的支出情况如何(是否遵循优先顺序)?

(4)公司的绩效情况如何(跟竞争对手比有无优势)?

2. 营销

(1)公司的市场定位是否符合客户需要且具有独特性?

(2)公司怎么对产品进行定价?

(3)公司该怎样有效地宣传自家的产品?

(4)公司如何分配媒体预算?

3. 运营

(1)公司的商业模式是怎样实现的?

(2)公司怎样降低制造成本?

(3)公司怎样提高产能?

(4)公司怎样增加产品种类?

4. 人力资源

(1)公司给予员工的待遇如何?

(2)公司的各个岗位是否有合适的人选?

(3)公司怎样提高员工的满意度?

（4）公司怎样确保所有的规章制度都被严格遵守？

5. 财务

（1）公司当前的财务状况如何？

（2）公司怎样获得用于扩张规模的资金？

（3）公司的业绩是否能够维持发展？

这些都是关乎组织发展的软硬件问题。我们在制订解决方案之前，应该逐个排查，以确认公司组织的软硬件足以支持我们的设想。

初学者常见的瓶颈

以下是刚开始学习麦肯锡工作思维的人可能遇到的瓶颈，请对照一下自己存在哪种问题。如果没有，恭喜你；如果有，请根据个人情况选择有针对性的改进办法。

瓶颈类型	具体表现	改进办法
高估组织实力	不能正确地评估组织的硬件实力和软件实力，设置过高的目标，导致组织把资源和精力浪费在了解决不了的问题上	认真评估完成目标所需的成本，检查组织的硬件和软件是否足以实现这个目标
低估组织实力	不能正确地评估组织的硬件实力和软件实力，放弃了本来可以实现的战略目标，导致组织错失发展机遇	用发展的眼光看问题，把组织硬件实力和软件实力的增长也纳入考虑范围之内

经验加油站 ▶ 麦肯锡专家有话说

如果你希望自己的方案对客户有长远的影响，就要获得公司各个层面的支持。你是否以为想出了一个精彩绝伦的解决方案，将它构造得富有逻辑，将它清晰、准确地展现给客户，然后就可以大功告成回家了？错！假如你想创造出真正有持续影响的变革，就得让受到影响的每个人都认同你的解决方案。如果他们不喜欢你的建议，如果他们极力抵制，你的解决方案就会被束之高阁。为了避免这种情况的发生，你必须要把解决方案推介到公司的不同层面，从董事会到基层。

——艾森·拉塞尔

第四章
合理分析是麦肯锡工作法的精髓

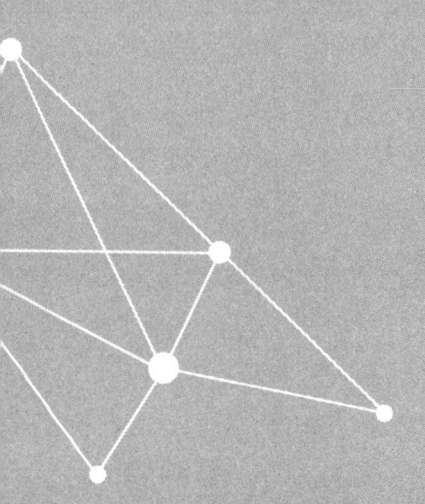

　　分析能力最能体现一个人的工作思维水平。面对已经明确方向的课题与相关数据信息，能不能从中找出核心环节，一举抓住根本矛盾，考验的是分析问题的能力。然而很多人都会在这个环节中碰壁。每个人都会站在自己认为正确的角度去看问题和做决定。尽管事后可能被证明是一个大错误，但我们在事前并不会真正意识到这点，不会察觉到自己在分析过程中出现了什么纰漏。麦肯锡工作法最核心的部分就是合理分析，教大家怎样减少分析中的误差，找到正确的路径。

逻辑思考是分析问题的基础

工作现状小检查

你在工作中是否遇到过以下情况？如果有，请在括号里打"√"。每空1分，总分最高5分，最低0分。得分越高，说明你在工作中存在的问题越多；反之则说明你有良好的工作习惯。

( )	1. 因为说话条理不清，所以大家一般不认同我的观点
( )	2. 每次别人问我"这个判断有什么依据"时，我只能回答是凭直觉做出判断的
( )	3. 思维太跳跃，经常把风马牛不相及的事情混杂在一起说
( )	4. 无法清晰地表达自己的想法
( )	5. 相信自己的"逻辑"，但并不会去找证据来验证这个"逻辑"
症结诊断	看问题要么马马虎虎，要么钻牛角尖而不能自拔，这些都是逻辑思维能力不强的表现。由于缺乏逻辑思维，因此你无法正确认识事物之间的因果联系，往往是充满随意性地凭感觉和经验做出判断

逻辑就是有具体的主张和论述

请回想一下，你和同事在工作中是如何提出和表达观点的。在解决问题的过程中，双方是否使用了连贯的思维结构？或者是否强调了观点必须保持内在的一致性和逻辑性？通常是否随意地做出决定，而没有借助大家认可的理论框架，没有以事实为依据？如果没有，则说明你们的思维缺乏严谨的逻辑。

麦肯锡鼓励发散思维，但反对没有逻辑的跳跃思维。想要做到思维有逻辑性，首先要提出具体且易懂的主张以及清晰明朗的结论。模棱两可的含糊观点，自然与逻辑无缘。在此基础上，你还应该充分陈述支持自己观点的论据。

人们常用的论据包括案例、数据、专家意见等，这些都可以用来佐证你的主张。当主张是已经出现的结果时，论据可以是造成该结果的原因。当主张是尚未实现的理想时，论据可以是达成目标的路径。假如你的论据不能支持主张，那么论述就失败了，别人就不会认同你的意见。这说明你的思维缺乏足够的逻辑性，还应该加强练习。

初学者常见的瓶颈

以下是刚开始学习麦肯锡工作思维的人可能遇到的瓶颈，请对照一下自己存在哪种问题。如果没有，恭喜你；如果有，请根据个人情况选择有针对性的改进办法。

瓶颈类型	具体表现	改进办法
逻辑不够严谨	在自己熟悉的领域能保持比较严谨的逻辑思考水平，但在自己不熟悉的领域会变得主观臆断	加强逻辑学知识的学习，面对跨专业问题时不要轻易做出判断
看问题想当然	自以为逻辑严谨，实际上整个推理过程都是建立在错误的基础认识上，结论经不起事实检验	不要过分相信自己的逻辑思考能力。在没有足够证据的情况下，不要觉得"逻辑推理"可以解释一切问题

 ▶ 麦肯锡专家有话说

  对大多数人来说，这种逻辑缜密的系统化思维方式并不是与生俱来的，需要通过后天的学习来掌握。遗憾的是，大部分大学的课程都不涉及这方面的内容，也很少有公司有条件、有意愿对员工进行这种技能培训。麦肯锡等几家战略咨询公司纯属例外。甚至美国商界一些最负盛誉的企业，也未必重视用系统化方法来解决问题。在任何地方，无论是大型企业，还是新兴公司，甚至在非政府机构和政府这样的非营利组织，麦肯锡人都能够利用系统化思维方式为这些组织增值。

——艾森·拉塞尔

用"问题树"来验证假设

工作现状小检查

你在工作中是否遇到过以下情况?如果有,请在括号里打"√"。每空1分,总分最高5分,最低0分。得分越高,说明你在工作中存在的问题越多;反之则说明你有良好的工作习惯。

( )	1. 以为自己能想到的东西都想到了,直到别人指出才发现疏漏
( )	2. 费力地思考每一个细节,但还是无法找到头绪
( )	3. 不清楚公司的发展目标,也不清楚公司在市场上的定位
( )	4. 对问题一头雾水,无法做出假设
( )	5. 在验证自己假设的过程中感到迷惑不解
症结诊断	上述现象表明你对事物的认识还不够清晰,没有达到能做出假设的地步。在验证假设的时候,你心中缺乏相应的标准,不知道该如何对信息进行分类组合,于是就不知道该朝哪个方向求证了

麦肯锡的"问题树"

为了尽快找到答案,我们要通过提出假设来设置课题,然后再对假设的正确性进行检验。倘若验证结果表明我们的假设是错误的,那么当务之急就是另外建立新的假设,紧接着进行新一轮的验证。麦肯锡专家就是通过反复验证假设来找到最终的正确答案的。在此过程中,"问题树"是一个非常适合用来验证假设的工具。

"问题树"的出发点是"最重要的课题"(问题)。这个分析工具也会形成树状结构图,从最上方的"问题"往下延伸,列举对该问题进行验证的要素。我们要对每一个分解出来的子问题用"是/否"来验证这个假设是否正确。

"问题树"和"逻辑树"的建立方法基本相同,但两者的作用不同。"逻辑树"用于找出原因,所以被称为"WHY TREE"。"问题树"则用于验证方法(假设的答案),所以被称为"HOW TREE"。

"逻辑树"中最后确定的要素,恰恰是"问题树"中最上方的"问题"。比如,我们在第二章的"逻辑树"中推导出的"组织促销活动""修改价格组合""改变供应商"和"增加无人设备"四个措施都可以延伸出一个"问题树"。

初学者常见的瓶颈

以下是刚开始学习麦肯锡工作思维的人可能遇到的瓶颈,请对照一下自己存在哪种问题。如果没有,恭喜你;如果有,请根据个人情况选择有针对性的改进办法。

瓶颈类型	具体表现	改进办法
问题界定不准确	在使用"问题树"的过程中只看到了问题的表象,而没有抓住其核心,导致对关键问题的界定不够准确	找一些经典的客户案例进行分析,通过"问题树"来检验已经被证明的关键问题。通过这种练习来培养自己对关键问题的敏感度
用错工具	把"逻辑树"和"问题树"混为一谈,以"逻辑树"来分析原本应该用"问题树"来分析的问题	认真学习麦肯锡关于"逻辑树"和"问题树"的相关知识

 ▶ 麦肯锡专家有话说

就分析任务而言,精确界定关键问题是很容易实现的。一次性界定关键问题是很难实现的;相反,项目组往往需要反复多次才能明确关键问题。不过,关键问题的界定应从客户或案例(如果是在商学院)入手,要让他们谈谈问题所在。这里的难点在于客户有时可能关注的是问题的表象或副产品,而不是问题的核心。在给那些想在咨询业谋职的学生进行辅导时,我们常常用很多时间来练习如何界定或明确针对特定情形(如面试过程)的关键问题。这种训练很有必要,因为想要在商界取得成功,必须掌握精确界定关键问题的能力。

——艾森·拉塞尔

定量分析的三个模板

工作现状小检查

你在工作中是否遇到过以下情况？如果有，请在括号里打"√"。每空1分，总分最高5分，最低0分。得分越高，说明你在工作中存在的问题越多；反之则说明你有良好的工作习惯。

( )	1. 觉得定量分析没什么意义
( )	2. 不知道该从哪个方面进行定量分析
( )	3. 不懂得把定量分析和定性分析结合起来
( )	4. 做定量分析的时候没有检查数据的可靠性
( )	5. 有时候做定量分析，有时候不做，没有形成固定的流程
症结诊断	对数据缺乏敏感度，或者根本不重视统计数据，习惯了粗枝大叶和泛泛而谈的工作方式。如此一来，你就会变得过分依赖先入为主的定性分析，察觉不到事物的细微变化

定量分析三模板

定量分析的作用是按照信息的意义进行整理分类。在麦肯锡工作思维中，定量分析占了分析总数的一半以上，比例高于定性分析。这是因为我们只有经过定量分析后才能获得具体而可靠的解决方案。

定量分析工具多种多样，但实际上都源于以下三种模板：

1. 比较

分析的本质就是比较。这是最常见的定量分析方式。比如，我们在购买商品时会对其大小、价格等进行比较。只要能转换成同单位的数据，就可以形成明白如画的对比分析结果，让人们信服你的观点。

2. 构成

构成就是将事物的局部和整体进行比较。市场占有率、客户转化率等概念就属于以对比构成为核心的定量分析工具。这种定量分析只有在拿局部来跟整体做比较时才有意义，它能帮我们揭示事物的内在结构。

3. 变化

变化是指同一事物在时间轴各个位置上呈现出的不同特点。销售额的变动、外币汇率变动、物价涨跌都属于变化。针对变化进行定量分析，可以让我们清楚地看到同一事物在不同阶段的变化。

初学者常见的瓶颈

以下是刚开始学习麦肯锡工作思维的人可能遇到的瓶颈，请对照一下自己存在哪种问题。如果没有，恭喜你；如果有，请根据个人情况选择有针对性的改进办法。

瓶颈类型	具体表现	改进办法
错误理解数据	搜集的数据本身没问题，但对数据的分析理解存在很大的误区，得出了错误的定量分析结果	对同样一组数据，多听听别人的分析意见，然后跟自己的理解角度进行对比，纠正误区，查漏补缺
高估了定量分析的作用	以为定量分析可以解释一切问题，忽视定量分析与定性分析应该结合起来这个基本常识	舍弃"凡是不能进行量化分析的问题都不成立"这种偏执狭隘的认识

 ▶ 麦肯锡专家有话说

　　无论你的工作计划多么完美，一旦收集完数据，分析完访谈，你都必须进入下一个筛选阶段。某些结果很可能被证明是条死胡同，尽管既不缺乏有趣的事实，也有精美的图画，却无助于你找到解决方案。你的工作就是要剔除不相干的东西。在麦肯锡，这项工作有一条捷径，那就是询问团队中的某个人，通常是项目经理，某个具体分析中的"'那又怎样'是什么"，它告诉了我们什么，有什么用处，能引出怎样的建议，等等。

——艾森·拉塞尔

第四章 合理分析是麦肯锡工作法的精髓

情境分析：预想几种最可能出现的局面

工作现状小检查

你在工作中是否遇到过以下情况？如果有，请在括号里打"√"。每空1分，总分最高5分，最低0分。得分越高，说明你在工作中存在的问题越多；反之则说明你有良好的工作习惯。

( )	1. 很少去分析问题产生的具体情境
( )	2. 只是从结果来评估决策思路
( )	3. 缺乏对过程的管控，只是一味地追求结果
( )	4. 对环境的变化视而不见，做出类似刻舟求剑的行为
( )	5. 只重视短期环境的特点，而不重视长期环境的演变
症结诊断	脑子里存在"只要结果好，过程怎样无所谓"的错误想法。这种唯结果论的理念让我们过分轻视了过程对工作的影响。一旦情境发生改变，原先隐藏的问题就会集中爆发

情境分析的要点

"情境"指的是描写一个环境的故事,该环境中存在有待解决的问题。换句话说,"情境"就是想象环境的未来蓝图,它能表现出各种关系在未来会发生什么变化,让我们更好地应对无法掌控的风险因素。

情境分析是由3~4个表现风险因素的脚本构成的。每套脚本的性质最好有差异,但内容不能脱离现实依据。麦肯锡的情境分析内容如下:

1. 环境预测分析

- 未来可预测

- 预测未来是有益的

- 预测是专家的工作

- 决策者单纯接受预测的结果

- 以每项变数单独变化的敏感度分析为主流

2. 多脚本的情境分析

- 未来不可预测

- 预测未来只是白费力气

- 重视构建脚本的过程

- 作为认识状况的工具

- 对所有脚本同样重视

- 考虑相关性后,改变各项变数

情境分析的优点是用故事的形式展现环境可能发生的变化,通过考虑多个风险因素之间的关联性,把不确定性代入问题的解决流程中。这种方法虽然不能百分之百地预测未来，但它可以帮我们提高应对不确定因素的反应速度。

初学者常见的瓶颈

以下是刚开始学习麦肯锡工作思维的人可能遇到的瓶颈，请对照一下自己存在哪种问题。如果没有，恭喜你；如果有，请根据个人情况选择有针对性的改进办法。

瓶颈类型	具体表现	改进办法
预判不准确	由于能力和经验的缘故，预想可能会出现的情况都是些并不需要担心的情况	多多了解可能产生影响的环境因素，根据环境因素来进行场景假设
忽视情境	忽视具体环境的解决方案的影响，以为用一个"理想方案"就能包打天下	每次设计解决方案时，都要将其代入不同的具体情境中，检查该方案能否取得相应效果

▶ **麦肯锡专家有话说**

这里所说的环境因素，指的是当事人无法掌控的因素。因此，即使在组织内部，只要是当事人无法掌控的部分，就应该列为环境因素。举例来说，某公司内部分为制造和销售两个部门，假如解决问题的当事人属于制造部门，而他负责满足的需求是销售部门的业绩量，那么，这就是当事人无法掌控的状况。

——高杉尚孝

让竞争战略更清晰的"3C分析"

工作现状小检查

你在工作中是否遇到过以下情况？如果有，请在括号里打"√"。每空1分，总分最高5分，最低0分。得分越高，说明你在工作中存在的问题越多；反之则说明你有良好的工作习惯。

（　）	1. 不知道自家公司的核心竞争力是什么
（　）	2. 不知道自家公司跟主要竞争对手的实力对比如何
（　）	3. 不知道自家公司主要经营哪个市场
（　）	4. 不知道自家公司最主要的客户群体来自哪里
（　）	5. 考虑问题时不懂得把自家公司、竞争对手、顾客和市场的情况结合起来
症结诊断	主要是因为你头脑中缺乏战略意识和大局观，不知道企业的竞争战略由哪些环节构成，又受到哪些因素影响，更不清楚怎样诊断企业的竞争力与发展前景

"3C分析"模型的要点

麦肯锡专家在思考企业竞争战略或市场开拓方针时,喜欢使用"3C分析"模型。"3C"是三个分析主题的英文字母开头,它们分别是自家公司分析(Company)、竞争对手分析(Competitor)、顾客和市场分析(Customer)。"3C"各自的主要分析项目如下:

1. 自家公司分析

- 市场占有率
- 技术研发能力
- 市场营销能力
- 成本竞争力
- 品牌影响力

2. 竞争对手分析

- 市场占有率
- 强项
- 弱项
- 发展战略

3. 顾客和市场分析

- 规模/成长率
- 市场屏障
- 需求/属性
- 结构/变化

"3C分析"把自家公司情况、竞争对手公司情况与市场情况综合起来考虑，通过对比，我们可以清楚地观察到各方势力在市场中的消长。为了保证分析的准确性，我们既要搜集宏观信息，又要重视微观信息。市场的整体变化与具体的客户群体需求变化，都是至关重要的分析项目。

在解决问题的前半段过程中，麦肯锡专家会先把"3C"视为个别项目来分析，设置相应的课题。到了后半段时，再设计一个整合三个项目的一体化解决方案。先三分，再归一，就是"3C分析"的基本流程。

初学者常见的瓶颈

以下是刚开始学习麦肯锡工作思维的人可能遇到的瓶颈，请对照一下自己存在哪种问题。如果没有，恭喜你；如果有，请根据个人情况选择有针对性的改进办法。

瓶颈类型	具体表现	改进办法
战略缺乏连贯性	制定的战略在短时间内三番五次改变，缺乏足够的稳定性和连贯性，让执行者感到无所适从	不要轻易改变已经确定的竞争战略，让执行者能在较长时期内按照一个稳定的规划开展工作
缺乏长远目光	制定的战略虽然有可行性，但没有立足长远利益，还是以争取短期效益为目标	把竞争战略分解为长期规划、中期规划、短期规划三个不同的层次，所有的规划都要服从于长期规划，如果与长期目标有抵触，就必须要做出调整

▶ **麦肯锡专家有话说**

谁是你的客户？根据具体情况，可以是消费者、买主、供货商、老板、首席执行官、股东等。要想事业成功，就必须坚持客户至上。作为一家专业服务公司，这个信条是麦肯锡公司愿景的核心。与客户打交道（无论是从经济上还是从精神意义上来说）都可以是一种非常奇妙的经历，都可以成为一种真正的双赢。然而，这往往既具挑战性，又令人沮丧。如果你做销售就会知道，总在寻找新的商机是多么不易。即便不从事销售，只要你身处商界，就总有你不得不去满足的客户。

——艾森·拉塞尔

用环境脚本法分析风险因素

工作现状小检查

你在工作中是否遇到过以下情况?如果有,请在括号里打"√"。每空1分,总分最高5分,最低0分。得分越高,说明你在工作中存在的问题越多;反之则说明你有良好的工作习惯。

( )	1. 认为自己的解决思路不存在任何风险
( )	2. 过分高估风险,以至于不敢做事
( )	3. 为不必要的小问题而焦虑,搞得自己身心俱疲
( )	4. 知道风险的存在,但没有采取防范措施
( )	5. 错判风险因素,造成资源浪费
症结诊断	风险意识过多或过少,都会给我们的工作带来困扰。由于不能准确鉴定风险,只能在过度警惕与过度轻忽之间左右摇摆。当多种风险出现时,无法按照轻重缓急来安排工作

环境脚本与风险矩阵

制作环境脚本是为了进行风险分析,帮助我们处理环境问题。其制作过程由以下三个步骤组成:

1. 掌握环境因素的结构

把环境中的风险因素看作一连串的相关现象,对其进行结构化处理。

2. 掌握各类风险的重要程度

根据风险因素对当事者(企业或个人)的影响大小和不确定性高低,判断各类风险类比的重要程度,形成风险矩阵。风险矩阵的纵轴代表风险发生后对当事者造成的影响程度,程度越高则影响越大;横轴则代表风险因素的不确定性,不确定性越高,说明风险因素越难以预判。下一步可以在矩阵内填入所有你认为存在的风险因素,尽量不要遗漏。

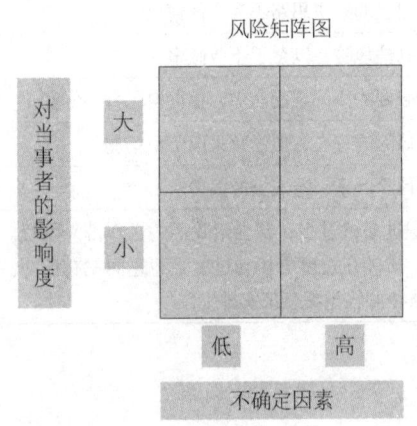

风险矩阵图

3. 制作环境脚本

将影响较大且不确定的风险因素设为主轴，拟定不同性质的脚本。

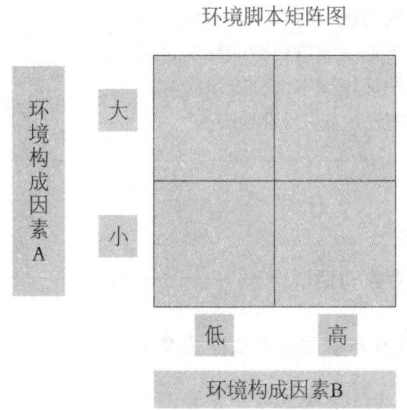

环境脚本矩阵图

通过分析环境脚本和风险矩阵，我们可以对环境中存在的各种风险有一个比较清晰的了解，缩小风险因素的范围，锁定几个重要的风险因素。需要注意的是，天灾或事故属于危机管理的范畴，不属于作为脚本驱动程序的风险因素，不可列入脚本当中。

初学者常见的瓶颈

以下是刚开始学习麦肯锡工作思维的人可能遇到的瓶颈，请对照一下自己存在哪种问题。如果没有，恭喜你；如果有，请根据个人情况选择有针对性的改进办法。

瓶颈类型	具体表现	改进办法
低估风险	以为项目运营风险可以忽略不计，运用环境脚本法分析风险时没有设定高风险环境脚本	按照要求认真准备好高风险环境脚本，不要因为组织处于有利形势就疏忽大意，加大对风险防范的投入
高估风险	以为项目运营风险高到一着不慎就满盘皆输的程度，运用环境脚本法分析风险时没有设定低风险环境脚本	按照要求认真准备好低风险环境脚本，只要没有确定组织已经处于高风险环境，就不要在规避风险方面投入过多资源

▶ 麦肯锡专家有话说

　　思考环境脚本各种状况的发生概率时，要谨记不可能有完美的预测。这是选择解决策略的步骤。世界上没有能完美计算出各种状况发生概率的方程式。因此，要基于过去的统计或是分析者的意见，设定出最有说服力的概率。换句话说，概率的设定必须论据明确。这时候，拘泥在微妙的差异上并无益处，比方说，把时间花在讨论风险该定为32%还是34%，只是在浪费时间。但是，讨论风险该定为30%还是60%，则是有意义的。总之，所有环境脚本发生概率的总和必须是100%。

——高杉尚孝

第五章
思考对策应抓住问题的本质

问题最终能否解决，首先取决于我们是否提出了合理的对策。但思考解决方案是工作中最费脑筋的环节。我们评价一个人"足智多谋"的时候，主要是在强调其提出对策的能力。百思不得其解者，会被认为是愚笨的庸才；拥有奇思妙想者，则能成为众人眼中的天才。在麦肯锡的管理咨询专家眼中，普通人掌握了合理的方法，就能想出有用的对策。思考对策的关键在于抓住问题的本质，然后围绕着问题的本质来研究解决方案。通过几个具有麦肯锡特色的思考工具，我们可以想出清晰的应对策略。

用"空·雨·伞"思考法寻找对策

工作现状小检查

你在工作中是否遇到过以下情况？如果有，请在括号里打"√"。每空1分，总分最高5分，最低0分。得分越高，说明你在工作中存在的问题越多；反之则说明你有良好的工作习惯。

（　）	1. 在工作中碰壁时，我会放弃原有的计划
（　）	2. 在工作中碰壁时，我不知道该怎样思考对策
（　）	3. 无论事实如何，我习惯先跳过事实直接做价值判断
（　）	4. 假如我误解了事实，会为了保住面子而一错再错
（　）	5. 产生新想法时，我不知道该怎么行动
症结诊断	上述现象一方面是我们因工作进展受阻而产生的压力所致，另一方面与思维方式缺乏连贯性和严密性有关。我们应当冷静地面对困难，思考究竟遇到了什么问题

"空·雨·伞"思考法

我们运用前几章提到的分析工具找到的解决办法,在实践过程中未必会一举成功。最初的解决方法往往不能解决问题,所以不得不思考新的对策。你不需要再从头开始走一遍前面的流程,麦肯锡为这种情况设计了另一种实用工具——"空·雨·伞"思考法。

从字面意思来看,"空"指的是乌云密布的天空,"雨"指的是乌云会导致下雨而我们的目标要避免被淋湿,"伞"指的是带伞出门以解决可能被淋湿的问题。麦肯锡专家从这个生动的生活案例中抽象出了"空·雨·伞"思维框架。

1. 空:目前的状况(事实)

当你遭遇挫折时,你需要了解自己当前处于什么样的情况。认清事实才能准确把握需要克服的问题。

2. 雨:具体的意义(解释)

对事实进行深入分析后,解释这个现状具有什么意义,进而明确我们希望实现什么具体的目标。

3. 伞:实际的解决办法(行动)

根据事实和对事实的解释,重新思考解决办法并付诸行动。

空(事实)—雨(解释)—伞(行动),这三个步骤必须环环相扣才能解决问题。无论你搜集了多少情报来确认"事实",如果不能对其做出合理的"解释",就找不到相应的"解决办法"。如此一来,你就会继续碰壁,徘徊不前,工作迟迟没有进展。

初学者常见的瓶颈

以下是刚开始学习麦肯锡工作思维的人可能遇到的瓶颈,请对照一下自己存在哪种问题。如果没有,恭喜你;如果有,请根据个人情况选择有针对性的改进办法。

瓶颈类型	具体表现	改进办法
理解不到位	对"空·雨·伞"的框架理解不到位,要么用解释(雨)代替了事实(空),要么没有经过解释(雨)就直接跳到了解决办法(伞)的步骤,没有形成严密的思考框架	不要只记住"空""雨"和"伞"三个意象,关键是要充分理解"事实—解释—行动·解决办法"这个思考框架,按照顺序进行思考
行动滞后	虽然利用"空·雨·伞"找到了解决办法,但并没有及时行动。当"事实(空)"发生变化后,"解决办法(伞)"就会自动失效	学会一切从实际出发,根据具体情况的变化来使用"空·雨·伞"思考框架

  麦肯锡专家有话说

使用"空·雨·伞"的思考方法时,最重要的一点在于整体的节奏。在下雨之前做出可能会下雨的判断,并且带伞出门,才能够避免被淋湿。但如果没能及时找出"应该带伞出门"的解决办法,等到下雨后才想起来找伞,那就要么被淋湿,要么就找个地方避雨。

——大岛祥誉

商业系统模型揭示获利方式

工作现状小检查

你在工作中是否遇到过以下情况?如果有,请在括号里打"√"。每空1分,总分最高5分,最低0分。得分越高,说明你在工作中存在的问题越多;反之则说明你有良好的工作习惯。

( )	1. 不了解公司的盈利模式
( )	2. 遇到问题时,不清楚是公司的哪个流程出现了纰漏
( )	3. 运营团队时顾头不顾尾,工作流程不规范
( )	4. 看到了公司存在的问题,但提出的策略成本太高
( )	5. 不善于判断不同获利方式的优劣
症结诊断	上述现象主要出现在缺乏系统意识或者混日子的员工身上。前者的问题在于无法有效掌控整个流程,后者的问题在于懒惰。无论是哪种人,都不可能抓住问题的本质

掌握商业活动流程，才能无往不利

想要制定合理的解决策略，就要认真了解企业的商业流程和获利模式。麦肯锡的商业系统模型是一个简明有效的分析工具。所谓商业系统，也称作价值链，即企业在商业流程中应用的框架。这个模型把开展事业所必需的要素（从工作程序的上游至下游）按照功能分类，再整理成连续的流程。我们对商业流程中的每一个要素进行比较，就能找出失败的原因，制定一个更为合理的解决策略。

不同类型的商业系统有着不同的活动流程，以下是五种常见的商业系统架构：

1. 制造商的商业系统（价值链）

2. 餐饮店的商业系统（价值链）

3. 广告商的商业系统（价值链）

4. 投资机构的商业系统（价值链）

5. 求职者的商业系统（价值链）

商业系统模型以价值链分析为核心，应用广泛。无论价值链是什么形态，这种分析工具的思考模式都包括以下四个步骤：

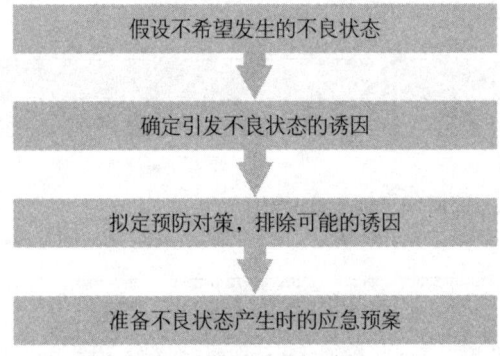

商业系统模型分析法的四个步骤恰好与第二章提到的MECE思考法的框架相符，有助于我们在思考对策时做到无遗漏、无重复，进一步优化企业的商业流程与价值链。

初学者常见的瓶颈

以下是刚开始学习麦肯锡工作思维的人可能遇到的瓶颈,请对照一下自己存在哪种问题。如果没有,恭喜你;如果有,请根据个人情况选择有针对性的改进办法。

瓶颈类型	具体表现	改进办法
价值链分析不到位	没有根据企业组织的具体类型来进行价值链分析,只是一刀切地将其套入同一个商业模式	先根据分析对象的经营范围进行分类,然后再构筑对应的商业系统,这样才能得到比较准确的分析结果
没做到知己知彼	只分析竞争对手的商业模式而没有分析自家公司的商业模式,或者是只知己而不知彼	可以把竞争对手作为纵轴,将商业系统中的每个项目作为横轴进行比较,这样有助于发现自家公司的问题

▶ **麦肯锡专家有话说**

当我们思考关于外部资源的问题时,我们可以把商业系统模型当成一个辅助选择的示意图,思考其中哪些外部资源可以继续保留、哪些应该放弃。如果考虑的是与其他公司合并的问题,商业系统模型也可以用来分析应该与对方分享哪些资源,或是合并能产生什么样的相乘效果。在制订解决方案时,商业系统的项目对于拟定改善策略颇有帮助。

——高杉尚孝

"AIDMA"模型呈现客户的消费决策流程

工作现状小检查

你在工作中是否遇到过以下情况？如果有，请在括号里打"√"。每空1分，总分最高5分，最低0分。得分越高，说明你在工作中存在的问题越多；反之则说明你有良好的工作习惯。

（　）	1. 不知道该怎样吸引消费者的注意力
（　）	2. 促销活动并没有增加销售额
（　）	3. 公司的新媒体平台粉丝很多，但转化为购物者的人很少
（　）	4. 客户表示公司的产品和服务缺乏让人过目不忘的特点
（　）	5. 客户表示交易流程太烦琐
症结诊断	无法取得客户的认同是很多工作人员最头痛的问题。之所以出现上述现象，主要是因为我们没有换位思考，没有真正站在客户的角度看问题，没弄清他们消费决策的依据

麦肯锡"AIDMA"模型：揭开消费者的决策心理

站在消费者的角度考虑对策，效果往往更加显著。麦肯锡为此设计了一套"AIDMA"模型，通过分析消费者在购物过程中的决策心理来找出对他们有吸引力的事物，从而刺激他们的购物欲望。"AIDMA"模型涵盖了消费者从获悉商品信息到最终消费的整个流程，主要分为以下五个环节：

Attention（注意）
设法引起消费者的注意，向他们传递产品和服务信息。

Interest（关心）
当消费者了解了商家提供的信息之后，开始关心产品和服务的情况。

Desire（欲望）
设法让消费者产生想马上使用产品和服务的欲望。

Memory/Motivate（记忆/动机）
让消费者对产品和服务产生深刻的记忆，进而产生购物动机。

Action（行动）
消费者做出购买产品和服务的实际行动。

这五个环节的英文缩写，就是"AIDMA"模型的名字。随着电子商务的蓬勃发展，麦肯锡又推出了网络版的"AIDMA"模型，即"AISAS"模型。"AISAS"模型的原理跟"AIDMA"模型大同小异，主要区别在于流程。

"AISAS"模型的流程如下：

注意（Attention）→关心（Interest）→网上搜索（Search）→行动（Action）→分享信息（Share）

总之，借助这两个分析工具，我们可以清楚地观察消费者做出或放弃购物行为的决策过程，找到最关键的影响因素。这便是麦肯锡专家改进营销组合策略的依据。

初学者常见的瓶颈

以下是刚开始学习麦肯锡工作思维的人可能遇到的瓶颈，请对照一下自己存在哪种问题。如果没有，恭喜你；如果有，请根据个人情况选择有针对性的改进办法。

瓶颈类型	具体表现	改进办法
目标客户不明	只是做了泛泛的客户消费决策流程分析，但没有弄清楚自家公司的目标客户是哪些人，致使分析结果缺乏指导意义	先找出公司的主要目标客户群体，然后再进行"AIDMA"模型分析。这个次序不要弄错
无法吸引客户的注意力	不知道该用什么手段来吸引客户的注意力，宣传广告和促销组合并没有成功刺激消费	对客户的兴趣了解不够深入，是造成这种局面的主要原因。必须充分挖掘客户的兴趣点和潜在欲望

▶ 麦肯锡专家有话说

　　作为一名咨询顾问，你有了解客户局限的责任。麦肯锡解决问题的规则，如同它的所有规则一样，都是有例外的。你不是每一次都能生成初始假设。有时候，客户并不知道问题出在哪里，他只知道问题的存在；有时候，项目涉及的范围太大或者太模糊，从初始假设入手行不通；还有的时候，你要开创新局面，已有的经历已经不能再帮你找到解决方案了。别慌！只要你收集数据并展开分析，解决方案就会自己来找你。

——艾森·拉塞尔

解决思路必须符合对方的认知

> 工作现状小检查

你在工作中是否遇到过以下情况？如果有，请在括号里打"√"。每空1分，总分最高5分，最低0分。得分越高，说明你在工作中存在的问题越多；反之则说明你有良好的工作习惯。

( )	1. 上级领导不认同我的解决思路
( )	2. 合作对象不认同我的解决思路
( )	3. 部下认为我的解决思路根本无法落实
( )	4. 其他部门不配合我的解决思路
( )	5. 客户对我的解决思路不满意
症结诊断	如果你遇到过上述情况，则可能是你的解决思路确实存在问题，也可能是对方还没有真正理解你的想法。无论是哪种情况，都说明你的意见不符合对方认知范围内的正确答案

对方的认知才是关键

你辛辛苦苦地想出了解决问题的策略，离完成目标又近了一步，但这并不等于成功的大门已经敞开。假如对方不认同你的方案，你此前的努力就会归零。麦肯锡员工有一个重要的工作经验，那就是在思考对策的时候，千万要先站在对方的立场上思考。

我们在第一章说过，所有的问题都可以归为恢复原状型、防范潜在型、追求理想型三个类别。你的提案必然是围绕其中一种类型的问题来设计的。然而，现实中经常出现这样的情况：对方判定事物已经出现了明显的不良状态，你却建议他去追求理想；对方认为当前状况没有任何问题，你却认为不良状态正在持续恶化，应该努力恢复事物的原状。双方对问题的认知不一致，就不可能达成共识。对方自然会觉得你的方案不靠谱。

为了摆脱这个困境，麦肯锡专家建议我们不要固执地推销自己的认知，而应该先迎合对方的认知。欲擒故纵、欲抑先扬，就是这个道理。对方只有在认为你跟他的认知一致时，才能听得进你的意见；你才有说服他接受解决方案的机会。

初学者常见的瓶颈

以下是刚开始学习麦肯锡工作思维的人可能遇到的瓶颈，请对照一下自己存在哪种问题。如果没有，恭喜你；如果有，请根据个人情况选择有针对性的改进办法。

瓶颈类型	具体表现	改进办法
换位思考不足	在工作中并不是很重视对方的认知，而是觉得对方不如自己聪明，应该全盘接受自己的"完美方案"	舍弃这种傲慢的心态，正视己方的不足和对方的长处，把姿态放低一些，注意倾听对方的意见
不能引起对方共鸣	辛辛苦苦做出来的方案总是不能让对方感到满意，导致合作进展受阻	多了解对方的处境和发展状况，深入挖掘合作方的核心需求。只要抓住了这个核心需求，就离达成目标不远了

 ▶ 麦肯锡专家有话说

无论谈论什么话题，都要以接收者没有专业知识为思考的基础或前提，或者相信只要传达了课题的背景、最终结论以及其中的含义，也就是做好"确实的传达"，对方就一定能够理解。简言之，就是将接收者设想为"智者无知"。加上从开始贯彻到最后都坚持"从课题开始"这个策略，而且发表的内容（简报或论文）中充满"要找出什么问题的答案"的意识感，以简单而毫不费力地提高接收者的问题意识，让接收者对课题的理解程度大幅度提升。

——安宅和人

方案只选一个,但不能只想一种

工作现状小检查

你在工作中是否遇到过以下情况?如果有,请在括号里打"√"。每空1分,总分最高5分,最低0分。得分越高,说明你在工作中存在的问题越多;反之则说明你有良好的工作习惯。

( )	1. 完全提不出具体想法
( )	2. 想了很多点子,但不知道哪一个有用
( )	3. 在方案A与方案B中犹豫不决
( )	4. 自己想不出点子时,也不求助于人
( )	5. 没有备选方案,唯一的方案又没有通过
症结诊断	构思方案确实是工作中最费脑筋的环节。当我们对问题认识不够深入时,我们很难想出一个合理的解决方案,更别说准备其他的备选方案了。遇到这种情况,我们必须付出更多的努力,并遵循一定的方法,才能渡过难关

准备替代方案

解决方案以消除现状与期待之间的落差为根本目的。人们最终会选择一个最佳方案来处理问题,但这并不意味着只提一个方案就够了。假如"最佳方案"无法取得成效,没有替代方案的人就会陷入极大的被动。在麦肯锡公司的字典里,单一选择等于没得选,也就是缺少比较对象。这会让你难以判断该选项是否真正合理。

为此,麦肯锡专家建议,确定课题后要尽可能多地列举替代方案,三类问题都要有足够的方案,以备不时之需。

假如你面对的是恢复原状型问题,那么替代方案应该包括应急处理、根本措施以及防止复发策略等内容。假如你只需要维持原状,那么替代方案就应该围绕防范潜在型问题来设计,重点是预防策略和隐患爆发时的应对策略。假如你追求改善现状,那么替代方案就是根据追求理想型问题的特点来制订的。

列举替代方案可以采用头脑风暴法,在应用此法时要注意四个规则:

(1)不能批评别人的想法;

(2)尽量提出大量想法;

(3)欢迎自由奔放的发言;

(4)改进别人的想法。

在列举大量替代方案后,我们还要对所有的替代方案进行筛选。毕竟,客户既不希望别无选择,也不愿意被过多的选项淹没。换言之,你没必要准备太多替代方案,只要保留几个比较成熟的方案就好。

初学者常见的瓶颈

以下是刚开始学习麦肯锡工作思维的人可能遇到的瓶颈，请对照一下自己存在哪种问题。如果没有，恭喜你；如果有，请根据个人情况选择有针对性的改进办法。

瓶颈类型	具体表现	改进办法
方案过于复杂	企图用一个"完美方案"来一举中标，结果把方案设计得过于复杂，反而没被采纳	不要幻想毕其功于一役，而要把方案设计得简明易行，并准备相应的备选方案
备选方案太多	由于害怕方案不通过而制订了过多的方案，让对方眼花缭乱，不知道该选哪一个	只要准备三个方案即可：一个主推方案，两个思路不同的备选方案。这样既能保持弹性，又能节约成本

▶ **麦肯锡专家有话说**

　　如果单一选择的提案不好，那么应该要准备几个才够呢？按照麦肯锡的做法，向对方提示替代方案时，以三个为基本。其原因在于，如果提案超过三个，接收者容易陷入信息过多的情况，很难下决定，不知道该用哪一项作为比较的对象，结果反而延迟了下决定。即使没有延迟下决定，但是像消费品这些东西，如果选择条目太多，消费者在不知道哪个好、哪个不好的情况下，为了避免研究比较的麻烦，也通常会选择销路较好的商品。

——高杉尚孝

第五章　思考对策应抓住问题的本质

提高方案被采纳的成功率的技巧

工作现状小检查

你在工作中是否遇到过以下情况？如果有，请在括号里打"√"。每空1分，总分最高5分，最低0分。得分越高，说明你在工作中存在的问题越多；反之则说明你有良好的工作习惯。

( )	1. 向上级陈述的方案太多，导致报告时间过长
( )	2. 提出的几个方案差异不大，实际上是同一个方案
( )	3. 没有认真考虑方案的提交顺序，导致自己最满意的方案被领导忽略
( )	4. 没有区分主推方案与备选方案
( )	5. 对方案的诠释不能给大家留下深刻的印象
症结诊断	只是制订完美的解决方案还远远不够，必须让所有工作相关者都能理解你的方案，知道自己该负责哪个环节。如果在提交方案时不动脑筋，就可能会让大家弄错关注点，对主推方案认识模糊，从而给出否定的批示

提交方案的方式要符合心理学原理

当你准备好三个替代方案向客户汇报时，你提交方案的顺序会影响对方的决定。根据麦肯锡多年总结的经验，接收者会受到最初听到的方案的深刻影响。因为他们在不清楚你的所有方案时，会拿第一个方案做参考标准，衡量后面提交的其他方案有何优缺点。

这种现象在心理学上称作"心锚"，即最初听到的意见会像一个锚一样限定人们的思考方向。所以，我们在提交方案时应该注意顺序。你希望对方采取哪个方案，就把它放在第一位，让它成为心锚。

除了心锚效应外，人们还有一个常见心理是"执其两端而用中"，即取折中的选项。我们在设计替代方案时，不妨像古人一样给出上策、中策、下策三个选项。通常而言，上策既有最高的回报又有最高的风险，下策回报最少且费力不讨好，中策往往各方面比较平衡，不容易出现大的纰漏。因此，大多数人倾向于选择"比上不足比下有余"的中策。你可以把自己属意的方案设置为中策，然后配合心锚效应来吸引对方优先选择该方案。

初学者常见的瓶颈

以下是刚开始学习麦肯锡工作思维的人可能遇到的瓶颈，请对照一下自己存在哪种问题。如果没有，恭喜你；如果有，请根据个人情况选择有针对性的改进办法。

瓶颈类型	具体表现	改进办法
方案提交顺序不对	没有认真考虑各个方案的提交顺序，导致主推方案没能在最合适的时机被领导注意到	把最重要的方案放在第一位，先讲复杂的内容，再讲简单的内容
各方案缺乏对比性	虽然给出了多个方案，但这些方案大同小异，并没形成上策、中策、下策的结构	设计方案时，以你最想推荐给对方的选项为基准，让另外两个方案衬托出该选项的优点

▶ 麦肯锡专家有话说

　　我们在餐厅点酒，如果服务生一开始先介绍五万元的酒，再介绍两万元的酒，我们会觉得后者比较便宜。相反，如果他一开始先介绍八千元的酒，然后再介绍两万元的酒，我们便觉得后者价格贵。同样都是两万元的价格，却因为比较对象的参考价格不同，改变了我们对价格的印象。不只是价格，在事情的复杂度上也有同样的效果。如果先讲复杂的内容，再讲普通的内容，那么后者听起来相对简单；如果先讲简单的内容，再讲复杂的内容，那么后者听起来相对困难。

——高杉尚孝

第六章
理性评估方案,减少决策失误

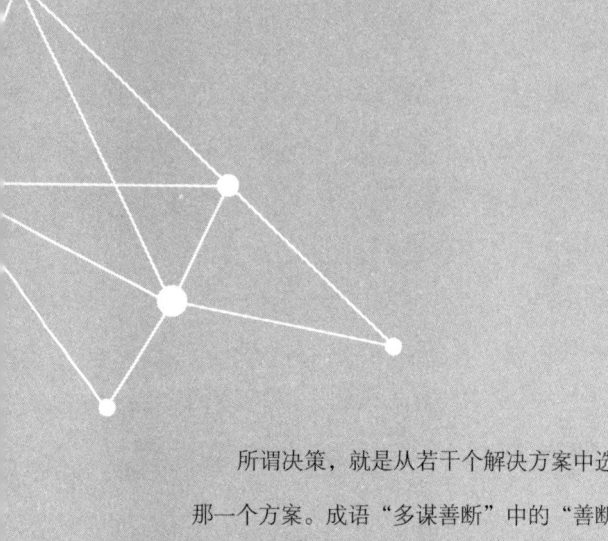

　　所谓决策，就是从若干个解决方案中选出你认为最有用的那一个方案。成语"多谋善断"中的"善断"，指的就是善于做决断。这不仅要有下决心的魄力，还应该对各种备选方案做出理性评估。唯有这样才能尽可能地减少决策失误。假如你迟疑不决，拿不定主意，或者选择了不恰当的解决方案，失败的恶果将在前方的道路上伏击你。因此，麦肯锡的管理咨询专家非常重视评估方案的技能。我们需要在决策过程中摆脱盲目性和一厢情愿的乐观，正确评估方案的价值与风险，否则就无法把事情做好。

重视不确定性,避免一厢情愿的乐观

工作现状小检查

你在工作中是否遇到过以下情况?如果有,请在括号里打"√"。每空1分,总分最高5分,最低0分。得分越高,说明你在工作中存在的问题越多;反之则说明你有良好的工作习惯。

( )	1. 工作经常因"意外的变数"而功亏一篑
( )	2. 自认为十拿九稳的事情,最后居然乐极生悲
( )	3. 虽然事前注意到一些不确定因素,但没有予以足够的重视
( )	4. 由于过分乐观,觉得这次的工作可以敷衍了事
( )	5. 当隐患逐渐暴露时,还抱有"这只是个小问题"的侥幸心理
症结诊断	上述现象的症结在于不能正确认识自己的实力,以盲目的自信对待工作。由于盲目自信,因此你把不确定因素可能导致的风险抛之脑后,没有做好应急预案。这无疑会让你的抗风险能力大大降低

避开成功者的乐观陷阱

很多人会在决策阶段马失前蹄,做出错误的选择。如果能准确评估各个替代方案的优劣,决策质量就能有效提升。要做到这一点,就不能不在决策过程中充分考虑环境变化的不确定性。如果只从结果来评估决策,不少人会选择结果看起来最理想的替代方案。可事实上,结果最佳的方案未必会真正实现。环境中的不确定性,也就是风险,很可能会破坏你期望的结果。

总体而言,解决恢复原状型问题大多立足于短期行动,环境变化的影响相对较少。而处理防范潜在型问题和追求理想型问题时,可能会出现执行替代方案需要较长周期的情况。解决问题所需的准备时期越长,风险越大,决策的效果也要过很长一段时间才能看到。这种不确定性往往会改变人们的想法或者命运。

有些决策者无视环境中的不确定性,只是一厢情愿地按照单一的"理想方案"做下去,时间一长就形成了思维盲区,对应该警惕的潜在问题视而不见。他们先入为主地认为环境不可能变化,直到风险转化为惨痛的现实才追悔莫及。这就是成功者的乐观陷阱,也是麦肯锡呼吁大家避免的错误路径。

初学者常见的瓶颈

以下是刚开始学习麦肯锡工作思维的人可能遇到的瓶颈,请对照一下自己存在哪种问题。如果没有,恭喜你;如果有,请根据个人情况选择有针对性的改进办法。

瓶颈类型	具体表现	改进办法
转为悲观	由于盲目乐观造成了失败,深刻的教训给人留下极大的心理阴影,让人变得畏首畏尾,走向另一个极端	学会适度乐观,以理性的态度分析不确定因素,多想想自己能掌握的可控因素,由此开展工作
偶尔侥幸	虽然忧患意识有所提高,但有时候还是会心存侥幸,以松懈的态度对待小问题	无论工作多么轻松,都要遵循规章流程进行检查,不要嫌麻烦。排除了小麻烦才能避免大麻烦

▶ 麦肯锡专家有话说

　　有很多例子都是无视环境的不确定性,执着于单一脚本(预测型)的分析,最后以失败收场。最常见的案例是,某位企业主原本一厢情愿地希望某个产品的需求应该是怎样的情况,久而久之,便下意识地认定情况本该如此。当这样的思维惯性渗透到组织内部时,问题就难以收拾了。即使外在的需求趋势已经发生明显的变化,这位企业主也难以察觉外界的变化,因为他已先入为主地认定情况不可能发生变化。

——高杉尚孝

第六章　理性评估方案,减少决策失误

制定替代方案的评价条目和评价标准

工作现状小检查

你在工作中是否遇到过以下情况？如果有，请在括号里打"√"。每空1分，总分最高5分，最低0分。得分越高，说明你在工作中存在的问题越多；反之则说明你有良好的工作习惯。

( )	1. 只想一个方案，而不准备其他的替代方案
( )	2. 不用心准备其他的替代方案，把希望全寄托在自己最喜欢的那个方案上
( )	3. 当主推方案被驳回后，变得手忙脚乱、不知所措
( )	4. 关起门来自己想替代方案，而不去集思广益
( )	5. 不知道该选择哪个替代方案
症结诊断	列举有潜力的替代方案其实是我们确定课题后应该做的事情，但很多人缺乏这个意识。评估替代方案是为了从若干方案中选择一个最佳的解决方案。只有在评估阶段制定合理的标准，才能确认各个替代方案是否真能解决问题

麦肯锡的方案评价方法

形成了多个替代方案后，评价各个方案的利弊得失成为关键。在评估方案时，最重要的事就是制定明确的评价条目和评价标准，按照合理的步骤来选出最佳的解决方案。假如没有抓住关键因素，就很难准确地判断各个替代方案的价值。

1. 列举评价条目的要点

我们在列举评价条目时，应该把必要条目与优先条目区分开，分别对替代方案进行评估。

"必要条目"指的是解决方案中不可缺少的条目。只要你发现某个备选的替代方案中没有包含必要条目，就可以在第一时间将其淘汰，而无须再查看其他条目。

比如，U20青年男子排球队选拔队员的"必要条目"是"性别男"和"骨龄在20岁以下"。

按照这个标准，女运动员或者超过20岁的男运动员无论多么优秀都不符合"必要条目"的要求，应当被排除在外。

列举必要条目的依据是该条目所提出的解决策略能否真正解决问题。假如该条目并非解决问题的关键，就不属于必要条目。相对于必要条目，优先条目更多是锦上添花，没有也问题不大。

2. 制定评价标准的要点

我们在制定评价标准的时候，不能只评估收益而不考虑风险。聪明的做法是对可能遇到的风险进行归类，通盘考虑大风险和小风险，以免到时束手无策。

比如，落实解决方案需要大量的资金，但公司财政难以拨出足够的专项经费，是一种风险；解决方案在执行过程中难以确保毫无副作用，也是一种风险；解决方案执行到一半时，项目负责人突然离职，项目组调度资源的权限降低，也是一种风险。

这些风险的类型不同，带来的影响也大小不一。

如果不把各种风险与收益结合起来考虑，就无法准确评估各个方案的利弊得失，选不出那个综合得分最高的解决方案。

初学者常见的瓶颈

以下是刚开始学习麦肯锡工作思维的人可能遇到的瓶颈，请对照一下自己存在哪种问题。如果没有，恭喜你；如果有，请根据个人情况选择有针对性的改进办法。

瓶颈类型	具体表现	改进办法
评价标准不客观	没有充分考虑每个方案的可行性，只是从理论上分析各个方案在理想状态下的优劣	制定评价标准时既要考虑主观因素，又要考虑客观因素。不可执行的方案就是不可取的方案
选择强迫症	当各个方案的综合评分比较接近时，不知道应该如何取舍，导致工作进度拖延	遇到这种情况的时候，优先选择你最感兴趣的那个方案，或者马上就能着手的那个方案

> **经验加油站** ▶ **麦肯锡专家有话说**
>
> 　　为了尽可能网罗所有选取到的替代方案,头脑风暴是一种有效的手段。在用头脑风暴时,绝对不能说出以下句子:"不可能那么顺利""太不切实际了""成本太高了""太难了""无聊"等。想要让大家毫无顾忌地提出意见,营造出轻松自由的氛围是很重要的。但是,在设计提案书时,我们不必罗列经由头脑风暴选取到的原始意见,也不应该这么做。原因在于,说明者介绍过多的提案,只会让对方产生混淆,而且就连说明者自己也容易产生混淆。所以,我们大概提出三个切合实际的提案即可。
>
> ——高杉尚孝

用脚本/行动矩阵来评估各个替代方案

工作现状小检查

你在工作中是否遇到过以下情况？如果有，请在括号里打"√"。每空1分，总分最高5分，最低0分。得分越高，说明你在工作中存在的问题越多；反之则说明你有良好的工作习惯。

( )	1. 评估各个替代方案时对当前应用环境的特点考虑不足
( )	2. 没有考虑其他的应用环境
( )	3. 完成替代方案的评估后，不知道该采取什么行动
( )	4. 用单一的行动策略应对所有的应用环境
( )	5. 当行动策略受阻时，没有其他的应对措施
症结诊断	不同的应用环境需要不同的行动策略。道理大家都懂，但在评估替代方案时未必会把各种应用环境考虑周全，在设计行动策略时对成本与收益的综合分析也不够透彻。这就会降低我们做决策的准确度

麦肯锡的脚本/行动矩阵法

我们在第四章曾经提到"多脚本的情境分析",原理是把行动方案代入多个环境脚本中做评价。这种矩阵把环境脚本与解决方案结合在一起,环境脚本的数量与行动选项的数量相乘,就能模拟出多种环境下的执行状况。在此基础上,我们可以结合当前的环境特点来评选出优胜方案。

脚本/行动矩阵的基本格式如下:

环境脚本		方案A	方案B	方案C
	脚本A	90分	75分	45分
	脚本B	55分	85分	65分
	脚本C	25分	32分	80分

战略行动(解决方案)

矩阵的纵轴表示环境脚本,横轴表示战略行动(解决方案),把不同的方案代入每一个环境脚本中,就会产生不同的效果。

假设脚本A是低风险环境脚本,脚本B是中等风险环境脚本,脚本C是高风险环境脚本;方案A是低成本的行动解决方案,方案B是中等成本的行动解决方案,方案C是高成本的行动解决方案。

其中，低成本的方案A在低风险的脚本A中能以最小的代价完成期望的目标，所以在矩阵中得分最高；而低成本的方案A在高风险的脚本C中毫无招架之力，所以在矩阵中得分最低；中等成本的方案B在中等风险的脚本B中实现了边际收益最高水平，故而在矩阵中得分较高；高成本的方案C在高风险的脚本C中能实现最好的效果，所以在矩阵中得分较高。

由此可见，在不同风险强度的环境脚本中，需要搭配对应的解决方案才能实现最佳效果。

初学者常见的瓶颈

以下是刚开始学习麦肯锡工作思维的人可能遇到的瓶颈，请对照一下自己存在哪种问题。如果没有，恭喜你；如果有，请根据个人情况选择有针对性的改进办法。

瓶颈类型	具体表现	改进办法
脚本设计不合理	由于对细节信息掌握不足，设计的脚本不合理，导致整个脚本/行动矩阵缺乏实用性	在设计环境脚本之前，一定要充分搜集信息，让各个脚本模拟的情况更贴近现实
行动与脚本不匹配	环境脚本没什么问题，但用于指导行动的解决策略设计得不合理，导致整个脚本/行动矩阵缺乏实用性	在设计解决策略时，可以结合其他的麦肯锡分析工具和工作技巧进行思考

 **▶麦肯锡专家有话说**

为了方便大家理解,我用"今天可能会下雨"这个切身的防范潜在型问题来解释。我们之前已经思考过,如果要提出掌握问题本质的设问,那么其本质性问题应该是"该怎么做才不会被雨淋湿",而这同时也是一项预防策略。接下来,我们替他想出了几个不被淋湿的替代方案,例如不要出门、开车出门、等雨停等,最后他选择了最务实的方法——带伞出门。虽然每一项解决策略都能解决"不被淋湿"的问题,但是从成本来看,带伞出门应该是最佳决策。假如要解决的问题是属于"普通的下雨天"这种单一脚本的预测,大致上到这里就算告一段落。

——高杉尚孝

评估方案的风险与阻碍因素

工作现状小检查

你在工作中是否遇到过以下情况？如果有，请在括号里打"√"。每空1分，总分最高5分，最低0分。得分越高，说明你在工作中存在的问题越多；反之则说明你有良好的工作习惯。

（　）	1. 做决策时只看结果最大的方案，而不考虑过程中的风险是否超出安全水平
（　）	2. 做决策时只看结果最大的方案，而不考虑过程中的阻碍是否超出承受能力
（　）	3. 做决策时只看过程中风险最小的方案，而不考虑结果能否达到利益最大化
（　）	4. 做决策时只看过程中阻碍最小的方案，而不考虑结果能否达到利益最大化
（　）	5. 做决策时没有考虑执行过程中可能增加的新风险与新阻碍
症结诊断	我们评估方案时不能只看成本与回报，对风险与阻碍也要有足够的警醒。通常而言，高回报会带来高风险，也会遇到更多的阻碍。找到并解决最大的阻碍，才能有效降低方案的成本与风险

风险矩阵：掌握各类风险因素的工具

如何向对方陈述风险，是一个值得考虑的问题。麦肯锡的顾问在接受咨询时会邀请客户共同分析环境风险。大家都可以在短时间内列举出许多风险因素。但这也使得有些人草率下结论："这个计划竟然有这么多风险因素，计划太危险了，还是放弃吧。"

然而，风险分析的作用就是帮助你缩小风险因素的范围，锁定其中影响较大的重要因素。如此一来，你才会明白应该将工作的重心放在什么地方。

麦肯锡鼓励大家把风险告知对方，通常采用风险矩阵的形式。关于风险矩阵的制作方法，我们在第四章已经介绍过了，下面再详细说明一下。

风险矩阵的纵轴表示风险因素对当事者（个人或企业）的影响程度，影响大的因素放在上方，影响小的因素放在下方。可以把当事者的目标当成考虑项目，当事者如果是企业，则可以参考损益表和现金流量表等统计信息来评估风险。

横轴表示风险的不确定因素，不确定性高的因素放在右侧，不确定性低的因素放在左侧。不确定性越高的因素越难预测，但不要把不确定性用"发生概率"来表示。无论阻碍因素发生概率是高是低，只要事先了解，就都能预判出来。风险矩阵里的风险因素主要是指那些无法判断的阻碍因素。

制作风险矩阵的关键是尽可能地列举各种风险，不要遗漏任何重大因素，然后找出各种风险之间的关联，缩小重点关注的风险范围。

在完成风险评估后，我们应当把收益和风险一并告知对方。故意隐瞒风险，或者客户不问就不说，都不符合麦肯锡的专业精神。需要明确的是，凡是能够完全回避的阻碍因素都不属于麦肯锡定义的风险。只有无法完全回避的才叫风险。此外，我们应当准确地传达出"风险在客户可容许的范围之内"的信息，以求让对方接受带有风险的方案。

初学者常见的瓶颈

以下是刚开始学习麦肯锡工作思维的人可能遇到的瓶颈，请对照一下自己存在哪种问题。如果没有，恭喜你；如果有，请根据个人情况选择有针对性的改进办法。

瓶颈类型	具体表现	改进办法
风险因素列举不全	评估方案时没有把所有的风险因素都列举出来，忽略了一些看似不起眼但可能致命的潜在问题	无论发生概率多大，所有的风险因素都应该纳入评估工作中。评估概率和影响是下一环节的问题，列举阶段不要提前过滤
没有找到主要阻碍	不知道当前工作的最大阻碍是什么，只注意到了次要的阻碍，没能找到解决问题的关键	根据风险分析结果找到影响最大的风险因素，这个就是我们需要解决的主要障碍

> **经验加油站** ▶ **麦肯锡专家有话说**
>
> 　　对于"剔除超出风险容许范围的行动"这个想法，或许有人会提出疑问："如果最坏情况的发生概率相当低，那么实际上可以将它纳入可忍受的风险选项中吗？"举例来说，思考一下"搭乘飞机"这个行为。如果坠机，几乎可以说是必死无疑，一般而言，没有人可以忍受这种风险。但是，飞机是少数几种安全性非常高的交通工具之一，坠落的概率极低。所以，我们还是根据自己的需求来搭乘飞机。换句话说，即使风险是无法忍受的，但只要发生概率微乎其微，实际上就可以把它纳入可忍受的风险选项中。
>
> ——高杉尚孝

假如只有一个提案,你可以这样办

工作现状小检查

你在工作中是否遇到过以下情况?如果有,请在括号里打"√"。每空1分,总分最高5分,最低0分。得分越高,说明你在工作中存在的问题越多;反之则说明你有良好的工作习惯。

( )	1. 只有一个提案,并且认为被采纳的可能性很低
( )	2. 当唯一的提案被否决时,不知道该怎么办
( )	3. 反复修改唯一的提案,但总是觉得不满意
( )	4. 觉得既然是唯一的提案,就没有必要再多费心思
( )	5. 无法判断唯一的提案是否具备可行性
症结诊断	这种情况在工作中其实并不少见。很多时候,我们对某个问题并没有太多的解决办法,也很难确定自己想到的唯一一个提案是否接近最佳解决策略。面对这种棘手的局面,常规思路很难发挥作用

麦肯锡的理想方案比较法

在现实中，人们不是每一次都能想到多个解决方案，只有一个提案的情况并不少见。只有一个解决方案时，我们很难运用前面的方法来评估优劣。遇到这种情况时，麦肯锡的理想方案比较法是一个很有用的思考工具。这种方法的原理很简单，就是制造一个"理想方案"。

我们首先要确认眼下唯一的解决方案是否满足必要条目。其次，列举解决方案中的各个优先条目，设置最高评分，再假设一个所有优先条目都是满分的"理想方案"。最后，用"理想方案"的总分与唯一提案的得分进行比较，看看当前的方案在各个优先项目中的得分大约是理想方案的几成。

假设理想方案的满分是100分，如果唯一的解决方案得分低于40分，就不宜采纳；如果得分高于60分，就可以考虑先完善一下再说；如果得分达到了90分，就可以毫不犹豫地采纳。

理想方案法的一大优点是，可以让我们充分认识到当前方案的不足，特别是隐藏其中的偏见。这样可以避免大家高估唯一的解决方案的优点，而低估它存在的风险。

初学者常见的瓶颈

以下是刚开始学习麦肯锡工作思维的人可能遇到的瓶颈，请对照一下自己存在哪种问题。如果没有，恭喜你；如果有，请根据个人情况选择有针对性的改进办法。

瓶颈类型	具体表现	改进办法
不敢畅想满分方案	过分在意现实条件而没有充分想象最理想的"满分方案"，导致这个方法不能继续进行下去	以对待头脑风暴的方式来对待"满分方案"，先不要考虑自己是否有条件实施。这只是一个参考标准而已
不愿调整现有方案	当现有方案与"满分方案"相差太大时，仗着自己的方案是唯一方案而不肯做出必要的改善	只要现有方案的评分没达到合格标准，就应该做出调整，不可强行采用有明显缺陷的方案

▶ 麦肯锡专家有话说

　　处理单一提案时，要先确认这个方案是否可以满足必要条目。接下来，与多数方案的评价方法一样，在优先项目的比重上打分，再假设一个所有优先项目都得满分的理想方案。最后，将这个方案的总分与提案的得分进行比较，看提案的得分大约是最理想方案的几成。采用提案的标准是个恼人的问题，换句话说，我们该将合格分数设为几分？从实际情况来看，假使理想方案的满分是100分，我们就很难乐意采用只有40分的提案。相反地，假使提案达到了90分，我们就很可能采用。总之，通过与理想方案做比较，比较容易判断单一方案的价值。

——高杉尚孝

第七章
如何在沟通谈判中提高双方的满意度

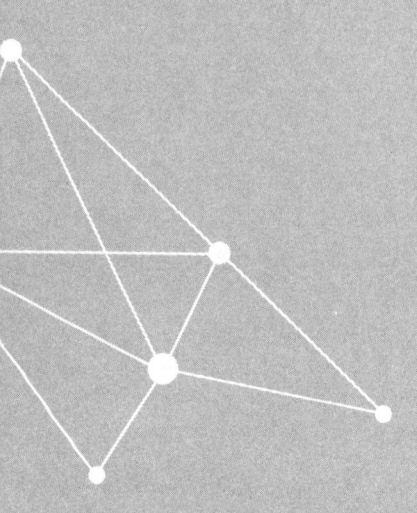

任何工作都少不了与其他人进行协作，协作必然涉及沟通谈判。这是一个互动交流的过程，在此过程中，双方向对方输出信息并理解接收到的信息，然后采取相应的行动。输出信息时表述得是否清晰，对接收到的信息理解得是否准确，决定了你的工作质量和工作效率的高低。沟通谈判不是随心所欲地聊天，而是有着明确的目的。麦肯锡工作思维包括一整套的沟通谈判技巧，能够让你在与对方交流时保持清晰的思路，灵活应对各种情况，促成一桩让双方都感到满意的良性谈判。

确定谈判的议程、人选、地点

工作现状小检查

你在工作中是否遇到过以下情况？如果有，请在括号里打"√"。每空1分，总分最高5分，最低0分。得分越高，说明你在工作中存在的问题越多；反之则说明你有良好的工作习惯。

( )	1. 谈判议程完全被对方掌控，自己只是被动参与
( )	2. 找不到合适的谈判人选
( )	3. 不知道应该派几个人参加谈判
( )	4. 不知道应该在什么地点进行谈判
( )	5. 不知道什么时间最有利于谈判
症结诊断	谈判不只是比拼辩论口才，谈判的议程、人选、地点都会影响整个谈判过程。老练的谈判高手会力图控制这些环节，让对手采纳自己的意见，以争取更多的有利条件。缺乏这种意识，会导致谈判陷入被动

麦肯锡对谈判议程、人选、地点的看法

谈判各方都想掌握主动权，谁在谈判议程、人选和地点上下的功夫多，形势就对谁更有利。麦肯锡专家为此总结了一些简明扼要的技巧。

1. 谈判议程的把控

谈判议程是双方商量出来的结果，但我方应该尽可能地争取更多议程的制定权，从而主导整个谈判的方向。

由我方制定谈判议程的优点是：我方可以按自己的需要来安排协议事项，也能顺势为谈判做更加充分的准备。

由我方制定谈判议程的缺点是：议程的内容容易暴露我方的关注点，被谈判对象牢牢掌握；与此同时，我方也失去了一个侦察对方关注点的机会。

2. 谈判人选的选择

麦肯锡主张组建多成员谈判团队，这样，不同类型的人才就能优势互补，发挥团队整体的力量。这样做的优点是，各路专家的专业知识可以增强我方谈判代表的综合实力，向组织汇报谈判过程和结果时也更有说服力。但多成员谈判团队也可能存在各成员之间意见不统一等问题。

3. 谈判地点的选择

谈判场所主要有三种选择：我方主场、对方主场、中立场所。三种场所的优缺点如下：

• 我方主场

优点：熟悉环境，利于放松，便于跟上级沟通，便于听取专家的建议。

缺点：需要为布置谈判现场花费更多人力、物力，且无法使用拖延战术，会被对方要求当场做出决断或让步。

• 对方主场

优点：便于使用拖延战术，只需专心准备谈判内容。

缺点：陌生的环境会给我方谈判代表造成较大的心理压力。

• 中立场所

优点：可以避免我方主场与对方主场的缺点。

缺点：双方需要在事前议定场所和布置方案等事宜，增加了谈判的工作量。

初学者常见的瓶颈

以下是刚开始学习麦肯锡工作思维的人可能遇到的瓶颈，请对照一下自己存在哪种问题。如果没有，恭喜你；如果有，请根据个人情况选择有针对性的改进办法。

瓶颈类型	具体表现	改进办法
谈判议程不合理	谈判议程缺乏严密的程序、议题和双方认可的评估标准，让会议沦为毫无章法的街头辩论	在这些环节做出周密的部署，确保谈判能按照双方约定的流程进行，即便谈判受阻也能回到上一个环节
谈判地点不合理	谈判地点交通不便、环境嘈杂、安全系数不高，会让谈判氛围变得过于紧张	尽量选择自己熟悉且能减弱对方敌对心理的谈判环境，争取主场优势，减少客场劣势

（续表）

瓶颈类型	具体表现	改进办法
谈判人选不合理	只派出能说会道的人参与谈判，而缺少熟悉行情的技术专家陪同，会被对方牵着鼻子走	合理搭配谈判团队，口才好的人、业务能力强的人、善于搜集情报和观察对方的人都应该有

 ▶ 麦肯锡专家有话说

　　在制定议程的过程中，难以确定的是协议项目的顺序。是从重要的项目开始好，还是从影响程度较小的项目开始好？从另一个角度来看，是从容易达成一致的项目开始好，还是从预计很难谈得拢的项目开始好？很多人都想断言某种顺序是最好的，可是在我看来，答案并不是唯一的。很多时候，貌似影响不大的项目反而可能是对方格外重视的。此外，从容易达成一致的项目开始，有可能引发对方做出意外的激烈反应，导致谈判的走向偏离预想的议程。总之，比起议程的内容，在议程制定过程中的思考更为重要。

——高杉尚孝

明辨恶性谈判与良性谈判

工作现状小检查

你在工作中是否遇到过以下情况？如果有，请在括号里打"√"。每空1分，总分最高5分，最低0分。得分越高，说明你在工作中存在的问题越多；反之则说明你有良好的工作习惯。

( )	1. 谈判的时候跟对方发生激烈的争吵
( )	2. 谈判的时候尖酸刻薄地讽刺对方的缺点
( )	3. 谈判的时候使用欺诈手段
( )	4. 谈判的时候不给对方发言的机会
( )	5. 谈判的时候一味强迫对方接受自己的提议
症结诊断	很多人没有认清谈判这种解决问题的方式的本质，把谈判变成了你死我活的决斗，或者宣泄负面情绪的工具。这样无助于赢得谈判，只会把事情变得更糟。为此，你要明白恶性谈判和良性谈判的差异

恶性谈判与良性谈判

在麦肯锡看来,谈判是为了寻找一个让双方都能接受的利益平衡点,应该以提高双方的满意度为努力方向。然而现实中既有让大家都满意的良性谈判,也有必须警惕的恶性谈判。

1. 恶性谈判的特征

恶性谈判指的是完全不尊重对方利益的谈判。有些谈判代表固执地坚持自己的主张,一味争取己方的利益而完全不顾对方的死活,甚至采用具有欺骗性质的无德谈判战术。这样的谈判就算成功,也会让对方心存芥蒂,让合作过程跌跌撞撞。一旦立场调换,对方可能会以更加蛮不讲理的态度加以报复。

2. 良性谈判的构成要素

良性谈判致力于合作双赢,力求通过协商解决所有的问题。根据麦肯锡专家的经验,良性谈判主要由以下三个要素构成:

(1)双方都能感受到,对方尊重我方各方面的利益。

(2)双方都能感受到,对方的做法十分公平合理。

(3)双方都能确信,对方一定会遵守协议条款。

只要满足上述三个要素,谈判双方就都会认为自己是谈判的赢家,愿意信任对方,与对方继续合作。

需要指出的是,恶性谈判不一定会失败,良性谈判也不一定能马上获胜。但是,良性谈判就算一时没达成共识,也可能在今后促成新的良性谈判,为谈判成功打下坚实的基础。

初学者常见的瓶颈

以下是刚开始学习麦肯锡工作思维的人可能遇到的瓶颈，请对照一下自己存在哪种问题。如果没有，恭喜你；如果有，请根据个人情况选择有针对性的改进办法。

瓶颈类型	具体表现	改进办法
轻易放弃谈判	注意到对手的"无德谈判战术"时，轻易放弃谈判，而不是通过高明的谈判战术反将一军	只要是必要的谈判，就不该轻易放弃。要保持头脑冷静，心如止水，为了胜利而不断见招拆招
以无德对抗无德	注意到对手的"无德谈判战术"时，以其人之道还治其人之身，让自己也变成欺诈者	我们应该具备良好的职业道德，不与宵小同流合污。认清诡计，保护自己，但不要沉溺于小聪明的算计

 ▶ 麦肯锡专家有话说

总有人把谈判的本质理解为"如何欺骗对方，只确保自身利益"。这种想法是完全错误的。欺骗对方属于欺诈行为，而不是谈判的本质。但不可否认，在日本经济长期低迷的环境下，基于这种类似欺诈的谈判之上的无德生意变得越来越多。因此，在能够识破"无德谈判战术"的同时，我们还必须掌握足够的谈判技巧来保护自己。

——高杉尚孝

在谈判时保持平常心的方法

工作现状小检查

你在工作中是否遇到过以下情况？如果有，请在括号里打"√"。每空1分，总分最高5分，最低0分。得分越高，说明你在工作中存在的问题越多；反之则说明你有良好的工作习惯。

（　）	1. 在谈判过程中容易情绪激动
（　）	2. 对方看你的表情就能知道你的想法
（　）	3. 一旦谈判进展不顺利，就会变得悲观失意
（　）	4. 一旦谈判进展顺利，就会变得得意忘形
（　）	5. 为了赌气而做出草率的决定
症结诊断	谈判战术中包含了心理战。不善于控制情绪的人，很容易被别人扰乱心神，这样会大大增加做出错误决策的概率。只有保持冷静的头脑与平和的心态，才能掌握谈判的主动权

以坚韧的精神应对谈判压力

所有的谈判战术都以动摇对方的心理为目标。想要把握好良性谈判的节奏,必须让自己保持平常心,不为对方的挑衅或诱导行为所动。麻木钝感的心理状态不是平常心,不动摇、不愤怒、不气馁、朴实、谨慎、诚恳的心理状态才是平常心。麦肯锡倡导的谈判平常心主要体现为以下五点:

1. 灵活性

谈判者应当具备灵活的头脑,沉着地应对沉重的压力,不钻牛角尖,情绪不被对手牵着鼻子走,能根据形势迅速调整姿态,找出双方都能接受的替代方案。

2. 反应能力

反应能力对谈判至关重要。为了探明对方的真实意图,谈判者要仔细观察对方的反应,倾听其意见,敏锐地捕捉对方隐藏在言行背后的实际需求。

3. 韧劲

坚韧不拔的精神能提高谈判者的抗压能力,使谈判者不至于被对方的气势压倒,就算一时落于下风,也要咬牙坚持到转机的到来,而不会提前向对方投降。

4. 精神恢复能力

谈判往往是枯燥漫长而令人烦躁的。时间一长,谈判者会感到身心俱疲,使谈判难以继续。这在谈判中是常见现象,但精神恢复能力强的一方能更早地调整状态、转换思维,以精神抖擞的姿态重新展开谈判,赢得主动权。

5. 精神持续力

为了实现目标,谈判需要长时间的持续能力。拥有平常心的谈判者无不具备强大的精神持续力,他们能以惊人的耐心打持久战,直到令对方心服口服。那种试图以三言两语速战速决的侥幸心理不可取。因为一旦不能马上说服对方,你就会心态失衡,难以继续保持平常心。

初学者常见的瓶颈

以下是刚开始学习麦肯锡工作思维的人可能遇到的瓶颈,请对照一下自己存在哪种问题。如果没有,恭喜你;如果有,请根据个人情况选择有针对性的改进办法。

瓶颈类型	具体表现	改进办法
难以克制情绪	几乎把所有的精力都用在克制情绪上,没有余力去思考谈判中遇到的问题,头脑经常"短路"	除了不断练习自我克制之外,还要改变思维方式,学会换个更积极的角度去看问题
过于紧张	脑子里想着"要保持平常心,要保持平常心",结果让自己变得很紧张,言谈举止更加不自然	保持平常心的关键是让自己放松。不要把"保持平常心"当成一个任务,而应该多想想让自己感到轻松的事情。在必要的时候深呼吸和闭目养神30秒,让自己的肌肉放松下来

麦肯锡专家有话说

既然坚信"这次谈判必须成功",那么只要一步走错,就可能掉进万丈深渊。这为谈判代表带来了巨大的压力。他们会感到深深的不安,就不可能享受谈判的过程了。人在承受巨大压力的状态下,是做不好工作的。即使拼命努力,也会因不安和压力而变得思维僵硬,情绪也容易变得不稳定,行动也会出现"短路"现象,再努力也不会获得高效率。

——高杉尚孝

合理让步是一种有效战术

工作现状小检查

你在工作中是否遇到过以下情况？如果有，请在括号里打"√"。每空1分，总分最高5分，最低0分。得分越高，说明你在工作中存在的问题越多；反之则说明你有良好的工作习惯。

( )	1. 在谈判中设立严苛的条件，也不管对方能否做到
( )	2. 在谈判过程中毫不让步，哪怕谈判破裂也执拗到底
( )	3. 对方一施压就亮出底牌，白白被占便宜
( )	4. 在对方的施压下一再让步，坚守不住底线
( )	5. 对方稍微一让步就迫不及待地达成协议，没能乘胜追击争取更多优惠条件
症结诊断	这些问题产生的根源都是对谈判认识不足。谈判固然需要相互妥协，但仍是一种带有竞争色彩的解决手段。让步不是目的，而是换取有利条件的手段。把手段错当成目的，谈判肯定出问题

设置高目标，然后再合理让步

我国有句老话叫："取法其上，得乎其中；取法其中，得乎其下。"麦肯锡谈判术中的让步战术与之道理相通。谈判是一个以寻找利益平衡点的过程，免不了要相互妥协。假如一开始就坚守绝不后退的底线，谈判就失去了灵活性，也就很难达成协议了。

为此，谈判者应该规划好谈判的方向，制定一个相对较高的目标。设置高目标可以激励谈判代表积极争取更多利益，而且就算最后做出了一些让步，得到的利益也高于低目标谈判。

当然，这个高目标只能是相对较高，若是完全脱离实际，则无法让谈判有效进行。

谈判开始时抛出较高的目标，然后经过互相试探和辩论来摸清对方的意图和底线。假如你无法用雄辩说服对方全盘接受你的意见，就要通过让步战术来改变局面。

使用让步战术的时候应当注意以下几点：

1. 不可一退到底

在谈判过程中，阔绰的一次性让步并不会让对方感恩戴德，他们反而会觉得你已经坚持不下去了，可以乘胜追击，借此机会提出更多的苛刻条件。

2. 坚持逐步退让

即使你能预判最后让步到什么程度，也要尽量一点点地退让，控制好对方的心理预期。假如对方很快就感到满意，你就不必再退让，可以获得高于退让底线的利益。

3. 要求对方做出让步

合理的让步都有一条底线，而且不能只是单方面妥协。当做出让步后，谈判者可以利用这一点来要求对方也做出相应的让步。双方在不同的方面妥协，整体上是各取所需，自然容易达成共识。

需要指出的是，以上让步都是围绕主推方案进行的，假如你的让步没能让对方采纳这个方案，就要退而求其次，推出预先准备好的最佳替代方案。

初学者常见的瓶颈

以下是刚开始学习麦肯锡工作思维的人可能遇到的瓶颈，请对照一下自己存在哪种问题。如果没有，恭喜你；如果有，请根据个人情况选择有针对性的改进办法。

瓶颈类型	具体表现	改进办法
让步幅度过大	为了促使对方马上达成协议，一下子让步太多，白白损失了很多本来可以获得的利益	优惠条件要像添油一样增加，不断探测对方接受的底线，让步超过那个底线即可
忘了提出交换条件	一味地单方面让步，而没有适时提出交换条件，没让对方也做出某种妥协。这只是单方面吃亏而已	让步与提出新的交换条件是谈判技巧的一体两面。通过让步来赢得缓冲空间，通过交换条件来争取应得之利，不可偏废

麦肯锡专家有话说

　　BATNA是谈判破裂时的替代方案。评价BATNA与评价一般的替代方案一样，不要把多个替代方案算在一起。千万不能因为存在这么多的替代方案，就轻易认为自己可以"以强硬的姿态面对谈判"。因为无论存在多少个谈判破裂时的替代方案，可选择的都只有一个。在多个替代方案之中最好的那一个才是BATNA。归根结底，Best Alternative（"最佳"替代），即次优策略才是BATNA。因此要注意，不能把替代方案算在一起。

——高杉尚孝

在连续问答过程中施展的技巧

工作现状小检查

你在工作中是否遇到过以下情况？如果有，请在括号里打"√"。每空1分，总分最高5分，最低0分。得分越高，说明你在工作中存在的问题越多；反之则说明你有良好的工作习惯。

（　）	1. 不知道怎样在谈判过程中提问
（　）	2. 不知道怎样通过问题组合来获取所需情报
（　）	3. 不知道什么问题该问，什么问题不该问
（　）	4. 面对尖锐的问题时束手无策
（　）	5. 面对连续发问时，不知道应该怎样回复
症结诊断	谈判就是一个不断提问和不断回答的过程。提问能力不足就无法获取信息，回答能力不足则会被对方轻易难住，最终导致谈判局面完全被对方掌控。只有掌握好回答的技巧，才能在谈判中对答如流

谈判就是做好连续的问答

无论言辞如何精妙绝伦,谈判本质上都是由一系列的提问和回答组成的。只要掌握好提问与回答的技巧,就能灵活地应对各种情况。

1. 麦肯锡式提问法

谈判中的提问类型主要有七种:

(1)"是"或"否"型提问。

为了确认具体事件简单的事实情况而进行的提问,回答要么是"是",要么是"否"。

(2)限定性事实确认型提问。

为了确认具体事件复杂的事实情况而进行的提问,回答一般是数值等具体内容。

(3)限定性说明型提问。

针对限定性的具体事件而提出的问题,但需要的不是事例或数据等信息,而是理由、观点等说明型信息,目的是要求对方进行思考和解释。

(4)广角型提问。

这类提问的范围超出了某个主题的特定方面,目的是广泛地征求对方的意见,并要求回答者在说明中加入事例、数据等信息。广角型提问可以让我们更全面地了解某个事物。

(5)基础信息收集型提问。

以寻求谈判对象的相关客观事实和数据为目的的提问。通常采用

"'是'或'否'型提问"或"限定性事实确认型提问"的形式。这种提问有助于我们调查事情的真相。

（6）问题发现型提问。

以发掘谈判对象的不满或疑问为目的的提问。通常采用"限定性说明型提问"或"广角型提问"的形式。

（7）详情发现型提问。

为了挖掘谈判对象尚未明确意识到的潜在问题或可能获得的好处的提问。通常用于在谈判后期展开攻势，引导对方注意自身潜在问题的严重性，从而提高其满意度，促使谈判成功。

2. 破解三种难以回答的问题

在我方运用上述七种问题进行提问的同时，对方也会向我们提出这些问题。有三种难以回答的问题，需要我们在谈判中高度重视。其具体特征如下：

（1）隐晦的提问。

特征：主语和谓语不明确，提问内容拖沓冗长，不明白对方究竟想问什么。

对策：不可试图直接回答，应该重新确认提问的内容，可用"不好意思，能不能再说一遍"之类的话让对方把问题阐述得更具体明白一些。

（2）关于负面因素的提问。

特征：这类提问把关注点全放在负面因素上，直接回答就等于默认了负面因素确实存在。

对策：假如对方的质疑属实，麦肯锡专家建议还是正面回答为好；假如对方的质疑并不成立，则不能直接回答，而要先把"贬义表达"转化为中性表达或褒义表达，然后再进行回复。

（3）无法回答的提问。

特征：不是完全找不到答案，但难以直接给出具有说服力的答案。

对策：不要直接回答，必须先消除对方提问中的负面因素，转换提问的焦点，以间接回答的方式处理。

初学者常见的瓶颈

以下是刚开始学习麦肯锡工作思维的人可能遇到的瓶颈，请对照一下自己存在哪种问题。如果没有，恭喜你；如果有，请根据个人情况选择有针对性的改进办法。

瓶颈类型	具体表现	改进办法
冷场	对谈判没有一个整体规划，在几轮问答之后不知道该提出什么问题来打破沉默，造成谈判冷场的尴尬局面	根据谈判内容多准备几组问题，制订不同场景下的应急预案，在谈判过程中执行这些准备好的预案
回答不得体	受能力、经验、心态等因素影响，在连续问答的过程中思维变得混乱，未经深思熟虑就轻易作答，给对方留下话柄	任何时候都不要不假思索地"脱口而出"，而要在正式回答之前停顿一下，调整好节奏和思路

> **经验加油站 ▶ 麦肯锡专家有话说**
>
> 提问的目的是获得信息。提问主要分为四种,但按照更粗略的划分,其实可以分为两种:一种是寻求事实或数据的"基础信息收集型提问",另一种是探询对方的问题意识和关注点的"问题发现型提问"。在谈判中,对方的关注点是你应该特别重视的信息。只要了解了对方的关注点,就能通过相应的问题来提高对方的满意度。谈判是提高双方满意度的过程。也就是说,在对方的问题得以解决并得到好处的过程中,己方的问题也能得以解决并得到好处。因此,我们在谈判中必须查明对方的关注点或面临的问题。
>
> ——高杉尚孝

第八章
工作成败取决于细节执行力

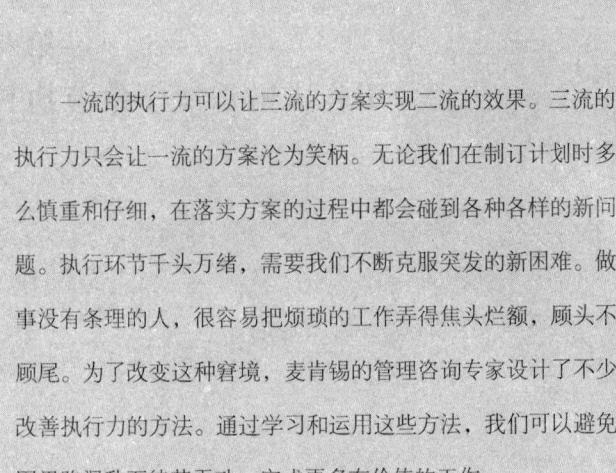

　　一流的执行力可以让三流的方案实现二流的效果。三流的执行力只会让一流的方案沦为笑柄。无论我们在制订计划时多么慎重和仔细,在落实方案的过程中都会碰到各种各样的新问题。执行环节千头万绪,需要我们不断克服突发的新困难。做事没有条理的人,很容易把烦琐的工作弄得焦头烂额,顾头不顾尾。为了改变这种窘境,麦肯锡的管理咨询专家设计了不少改善执行力的方法。通过学习和运用这些方法,我们可以避免因思路混乱而徒劳无功,完成更多有价值的工作。

麦肯锡人眼中的"败者之路"

工作现状小检查

你在工作中是否遇到过以下情况?如果有,请在括号里打"√"。每空1分,总分最高5分,最低0分。得分越高,说明你在工作中存在的问题越多;反之则说明你有良好的工作习惯。

( )	1. 意识到自己正在做无用功
( )	2. 表面上看着很勤快,实际上只是在做简单重复的事
( )	3. 总是强调自己的苦劳,却没有多少实际的功劳
( )	4. 工作不顺利的时候,加班加点地蛮干
( )	5. 不懂什么是"有价值的工作"
症结诊断	上述问题都是不动脑筋的结果。不努力的人是不会取得成功的,但努力不到点子上的人只是白费力。所有的工作都是为了创造价值而进行的,拿不出像样的成果,只不过是徒劳无功而已

完成"有价值的工作"

有些人投入的时间和劳动很多,却没获得多少成果,这就是麦肯锡人眼中的"败者之路"。麦肯锡提倡大家完成"有价值的工作"。所谓"有价值的工作",指的是那些急需解决且能找出明确答案的工作。麦肯锡工作思维是从发现问题、设置课题开始的,那种并不需要找出答案的工作,就算你再努力也只是白忙,并不会提升工作的价值。

因此,我们不能不经思考就闷头工作,更不能凭着自己有充沛的精力、时间和出色的头脑而在"败者之路"上蛮干。搞错了解决问题的方向,几乎就宣告了你根本无法成长。即使你凭借不计代价的蛮干成为领导者,也只会让整个团队都跟着你做没有价值的工作。

想要做有价值的工作,首先应该锁定核心问题。假如一时无法判断,也要通过求教上司或导师来缩小问题的范围,减少不必要的弯路。在此基础上,我们不要被工作的难易度迷惑,而应该从最有必要找出答案的那个问题开始思考。这样你才能获得一个高起点,与"有价值的工作"接轨。

在刚开始的时候,你可能不知道该怎样解决核心问题,从而在执行对策的过程中遇到瓶颈。这时候,你千万不要"这也做,那也做"地盲目尝试,而是应该坚持从课题出发,沿着正确的道路反复积累经验。持之以恒,才能提升价值。

初学者常见的瓶颈

以下是刚开始学习麦肯锡工作思维的人可能遇到的瓶颈,请对照一下自己存在哪种问题。如果没有，恭喜你；如果有，请根据个人情况选择有针对性的改进办法。

瓶颈类型	具体表现	改进办法
不舍得放弃	好胜心和自尊心较强，遇到那些实际上不可能完成或者完成了也得不偿失的任务时不肯主动放弃，而是硬着头皮蛮干	认真评估工作的价值，只对价值大的工作锲而不舍，对那些价值不大的工作要舍得放弃，不要为了面子逞强
依赖加班	把延长劳动时间当作成功的唯一途径，把加班看作努力的象征。在原本不需要加班的情况下也去加班	把提高工作效率作为努力的方向，而不只是一味地延长劳动时间

▶ **麦肯锡专家有话说**

在遇到无法问人的问题，或独自一人不能顺利解决的时候，该怎么办？答案是："当期限将近，如果解决方案还没有眉目的话，就要快速干脆地放弃那个办法。"无论是谁，都有自己偏好的做法或办法，不仅可靠，而且通常由于已经习惯，所以用起来速度也会比较快。尤其是在该办法是由自己或自己所在的团队发明出来的情况下，人出于天性一定会希望尽可能坚持甚至拘泥于这种办法。可是，若是没有限度地坚持，将会成为我们分析和验证的绊脚石。

——安宅和人

执行计划必须涉及的内容

工作现状小检查

你是否在工作中遇到过以下情况？如果有，请在括号里打"√"。每空1分，总分最高5分，最低0分。得分越高，说明你在工作中存在的问题越多；反之则说明你有良好的工作习惯。

( )	1. 没有什么执行计划，想到哪里就做到哪里
( )	2. 执行计划因过于粗简而缺乏指导意义
( )	3. 执行计划因内容不全而缺乏指导意义
( )	4. 执行计划因难度过高而缺乏指导意义
( )	5. 执行计划因成本过高而缺乏指导意义
症结诊断	制订执行计划是提高执行力的有效途径。可惜很多人对此不太重视，觉得自己随便应付两下就能交差。再理想的方案也会被这种毫无章法的执行毁掉。为此，我们必须学会科学合理地制订执行计划

制订执行计划的要点

无论采取什么解决方案,制订执行计划工作都要遵循以下五个步骤:

1. 设置计划的终止期限

制订落实解决方案的完成期限,也就是确定"工期"。无限期执行的计划缺乏监控机制,无法确保执行力。

2. 选定实施项目

在执行计划中注明实施解决方案的必要条件是什么,哪些工作是必须要做的。可以借助头脑风暴法来列举,然后进行筛选。

3. 学习完成计划所需的知识和技能

团队是否具备这些知识和技能,决定了执行计划的成败。我们应该明确需要掌握哪些知识和技能,才能顺利完成工作。

4. 制作工作进度表

从终止期限倒推至开工日,安排每个子项目的完成时间,同时列出相关人员学习知识和技能的进度表。

5. 修正期限并开始执行

根据步骤四的工作结果来修正最初预订的终止期限,然后开始按计划逐个完成子项目。

除了按照这五个步骤制订执行计划外,我们还要注意在计划中列入具体的金额、日期、人员。此外,如果当前的个人或团队欠缺足够的执行力,就不能强行执行原计划。不如思考弥补不足的替代方案,或者减少行动。总之,执行计划必须考虑到人们的实际执行能力。

初学者常见的瓶颈

以下是刚开始学习麦肯锡工作思维的人可能遇到的瓶颈，请对照一下自己存在哪种问题。如果没有，恭喜你；如果有，请根据个人情况选择有针对性的改进办法。

瓶颈类型	具体表现	改进办法
计划不周全	制订的工作计划非常粗糙，缺乏时间进度规划，没有明确的工作量和工作标准，没有合理安排作息，没有制定检查机制	按照本节内容制订几个工作计划，包含日计划、周计划、月计划、季计划、年计划，务求详尽、扎实、可行
执行力差	无论制订什么样的计划，都难以严格按照计划行动。每次都会给自己找借口放松要求	制定一个死规矩，比如，在没有完成计划之前不准做自己喜欢的某件事，并让同事或亲友监督

 ▶ 麦肯锡专家有话说

如果执行团队的能力不足、没时间学习必要的知识与技能，就只能配合他们的执行能力，修正解决策略。这才是明智的做法。即便解决策略再怎么完美，假如实施率过低，则效果必定不好。就现实层面来说，与其追求完美的解决策略，倒不如把目标放在实质的效果上。

——高杉尚孝

一次专注一事,每天都要总结

工作现状小检查

你在工作中是否遇到过以下情况?如果有,请在括号里打"√"。每空1分,总分最高5分,最低0分。得分越高,说明你在工作中存在的问题越多;反之则说明你有良好的工作习惯。

( )	1. 因态度松懈而积压过多工作
( )	2. 同时展开多种工作,导致自己焦头烂额
( )	3. 没有完成工作之后总结经验教训的习惯
( )	4. 工作报告敷衍了事
( )	5. 工作的时候经常为别的事情分心
症结诊断	上述现象出现的原因有两个:一个是工作态度不端正,另一个是过分追求高效率。同时做几件事并不能提高效率,只有专注才能提高效率。假如不能及时总结,工作时间再长也不会带来工作经验的增长

提高执行效率的不二法门

能力强的人喜欢多头并进,企图在多个领域同时取得成果。但这个看似能提高工作效率的做法,只会让你欲速则不达。麦肯锡工作思维有一项重要的原则是"一次只做一件事"。可惜很多人并没把这话听进去。

美国投资银行家艾森·拉塞尔刚进入麦肯锡公司时,听过一个麦肯锡出身的企业家组织的讲座。那位麦肯锡"校友"说:"不要把(高尔夫)球击出场地。一次只做一件事,做好你的本职工作,而不要试图去做整个团队的工作。"

一个人的力量终究有限,如果事必躬亲什么都做,则平均到每一件事上的时间和心思都不多,到头来反而会导致执行力下降。与其事多功少,不如每次都集中精力专注做一件事,并及时总结经验教训,在一个焦点上持续发力,这样才容易取得突破。

此外,如果你把别的工作也揽过来,就会留下一个隐患。只要你有一次试图去做所有的事,哪怕只有一次,其他人也会对你产生过多的期待。他们会把更多的工作丢给你来处理,包括本该由他们自己殚精竭虑的分内之事。你不得不疲于奔命,满足大家的要求,维持自己"救火队长"的超人形象。可惜,终有一天,你会因做的事情太繁杂而力不从心,出现失误,没能满足别人的期望。到那时,人们不会反思自己已经给你带来过多的压力,只会认为你是一个不值得期待的人。

初学者常见的瓶颈

以下是刚开始学习麦肯锡工作思维的人可能遇到的瓶颈，请对照一下自己存在哪种问题。如果没有，恭喜你；如果有，请根据个人情况选择有针对性的改进办法。

瓶颈类型	具体表现	改进办法
不够专注	大部分人都缺乏专注力，注意力很容易被其他事情带跑。这种本能反应阻碍了人们全神贯注地做某事	培养专注力不宜操之过急，先从全神贯注一分钟开始练习，逐渐延长时间
缺乏耐心	觉得自己的能力足以同时做好几件事，所以没有耐心专注于一件事，忍不住会插手其他事情	挑选一个具有挑战性的任务，让你不得不动用所有的力量来完成它，没有余力去管其他事情

经验加油站 ▶ **麦肯锡专家有话说**

确认每个图表是否真的各自只包含一个信息，以及该信息是否正确地与次要课题联结。当有两件以上的事想说的时候，你就将它们分成两个图表。本应是很有内容的图表，却无法一目了然，通常是有多个信息混杂在其中。如果是单一信息，则图表所强调的地方或比较的重点都很明确；但在加入两个以上的信息时，整体就会立刻变得一团模糊、难以分辨。

——安宅和人

根据上司的类型来调整工作方式

工作现状小检查

你在工作中是否遇到过以下情况?如果有,请在括号里打"√"。每空1分,总分最高5分,最低0分。得分越高,说明你在工作中存在的问题越多;反之则说明你有良好的工作习惯。

( )	1. 不知道该怎样跟上司沟通
( )	2. 不知道该怎样说服上司采纳自己的提议
( )	3. 明明努力做事,却得不到上司的欣赏
( )	4. 摸不透上司的真实想法,无法执行其指令
( )	5. 不适应上司的管理风格
症结诊断	这些问题困扰了无数职场人士。每一位领导者的水平、性格、想法都各不相同,没有人能适应所有的领导者。但你可以通过调整自己的工作方式,做出符合上司期望的行动。前提是你要了解自己的上司

让上司感到脸上有光

麦肯锡宣扬员工平等的观念，每个人在公司会议上都有发言权，年轻的分析师与资历最老的合伙人的观点都可能被采纳。尽管如此，公司仍有明确的指挥链。高级合伙人和级别较低的合伙人对公司的发展方向做出决策，项目经理、顾问、分析师以及其他职能角色的工作人员跟他们协作。当意见分歧不可调和时，高层级的一方拥有最终决策权。

在组织中，上司拥有更高的权力，能调动更多的资源，想要在事业上有所进展，离不开上司的支持。按照麦肯锡的理念，无论在组织的哪个层级中，你的上司都是你工作圈里最重要的人。因为他是整个公司里最关注你的人，甚至可能是最了解你的价值的人。让上司脸上有光，对你的工作有莫大的益处。我们可以从三个方面着手：

1. 尽最大的努力做好分内工作

把你的本职工作做精做细，务求质量过硬、效果显著。没有哪个领导者不喜欢工作质量高的员工，因为那会让他们的工作变得更省力。

2. 保持信息畅通

让上司随时随地能联系上你，知道你在哪里，在做什么。这既是配合上司对每个员工的监督检查工作，也便于你向上司反映问题或寻求支援。沟通越流畅越频繁，说明你在上司心中的地位越高。

3. 提供上司想要的信息

管理层级越高的领导者要处理的事务越繁杂。他们想从你这里听到有用的信息或者好点子，但前提是不过多地浪费自己的时间。你需要时常汇报，但汇报内容应当逻辑清晰、简明扼要、一目了然，便于他们快速做出决断，提高彼此的工作效率。

初学者常见的瓶颈

以下是刚开始学习麦肯锡工作思维的人可能遇到的瓶颈，请对照一下自己存在哪种问题。如果没有，恭喜你；如果有，请根据个人情况选择有针对性的改进办法。

瓶颈类型	具体表现	改进办法
怕见上司	畏惧上司的权威，在上司面前说话唯唯诺诺，紧张过度，不能充分展示自己的正常水平	时刻提醒自己，上司和自己一样都是普通人，只是工作内容不同而已，要保持平常心
轻视上司	因为上司在某些方面存在不足，就觉得自己比上司厉害，听不进上司的合理指示	时刻提醒自己，每个人都有自己的优缺点，你不能老盯着别人的缺点，而忽视对别人优点的学习

 ▶ 麦肯锡专家有话说

在大型计划中，进行整体综合价值判断的人，不论是经营者还是论文的审查委员，几乎都是很忙碌且对自己很有自信的人。当连续看几张"不具意义"的图表后，他们会马上会关闭心房，然后视线下移，眼中的光芒尽失，就此"比赛结束"。

——安宅和人

提高部下工作效率的好习惯

> 工作现状小检查

你在工作中是否遇到过以下情况？如果有，请在括号里打"√"。每空1分，总分最高5分，最低0分。得分越高，说明你在工作中存在的问题越多；反之则说明你有良好的工作习惯。

( )	1. 部下不听你的指令
( )	2. 部下对你阳奉阴违
( )	3. 部下不能领会你的意图
( )	4. 部下过分依赖你的直接指导
( )	5. 部下总是制造出一些麻烦，让你不得不替他收拾残局
症结诊断	每个领导者，都希望自己有能干的部下。但事实上，完美的部下少之又少，更多时候，需要身为领导者的你运用合理的管理方法来发扬他们的长处，弥补他们的短处。

部下眼中的好上司会这样做

随着成绩和资历的积累，你会从最基层的员工逐步晋升为各个层级的管理者。当你成为团队领导的时候，如果不善于处理和部下的关系，则什么宏伟目标都完不成。一个麦肯锡团队平均每天会花10~14个小时到客户所在地工作，周末有时也在公司办公室度过。假如这个团队缺乏凝聚力和执行力，问题首先出在你这个管理者身上。为了提高部下的工作效率和凝聚力，你应该养成以下习惯：

1. 在正式场合称呼部下为"××先生/女士"

对麦肯锡人来说，职务只是代表着工作内容的不同，所有人都是平等的。上司与部下之间的评价基准是工作成果。无论地位高低，谁取得了出色的工作成果，谁为公司做出了贡献，就会受到他人的尊敬。为了贯彻这种平等观念，麦肯锡的上司会在正式场合称呼部下为"××先生/女士"，以此表达对部下的敬意。

2. 认可部下，激励部下

我们每个人都希望自己的努力能得到上司的肯定。易地而处，我们成为上司的时候，不能只是一味地督促和批评部下，更应该给予他们足够的肯定与鼓励。这会让部下对你心存感激，更加充满干劲地工作，进而更好地成长为独当一面之才。

3. 用假设引导部下反思

当部下做得不够好时，麦肯锡的上司会让部下自己建立假设，引导他们反思自己存在的问题。上司在解决部下的问题时，应该像帮助客户解决问题一样,把问题具体化,指导部下从零开始思考。做不到这一点的麦肯锡上司就算是失职了。

4. 与部下坦诚交流,消除他们的困惑

有些优秀的人被提拔为上司后,很快遇到了"不知道该跟谁商量"的问题。他们个人能力出众,责任感很强,自尊心也因此比众人更高。当他们的部下遇到困难时,他们会挺身而出亲自摆平麻烦,从而得到大家的尊敬。但自己遇到烦恼时,他们总是独自承受,不愿意与他人商量,导致团队整体工作效率下降,部下感到困惑、不安。因此,麦肯锡要求各级领导者都要学会与部下坦诚交流。

初学者常见的瓶颈

以下是刚开始学习麦肯锡工作思维的人可能遇到的瓶颈,请对照一下自己存在哪种问题。如果没有,恭喜你;如果有,请根据个人情况选择有针对性的改进办法。

瓶颈类型	具体表现	改进办法
过分苛责部下	对部下的要求很严格,部下稍微出点纰漏就被你批得狗血淋头。而且批评的时候一点不尊重部下	工作要求严格是对的,但也要尊重部下的人格。当你怀着尊重他人的态度来提出批评意见时,你就会注意自己的措辞,让对方更容易接受你的批评
对部下缺少鼓励	当部下士气低落或内心迷茫时,没有站出来鼓励他们,让他们重新振作精神,而是漠然视之	平时就应该有意识地观察部下的精神状态,用他们喜闻乐见的方式来鼓舞士气

经验加油站 ▶ **麦肯锡专家有话说**

麦肯锡的上司绝对不会因为自己的职位高而狂妄自大、指手画脚,他们不会将自己的意志强加于人。可以说,在麦肯锡是不存在"上下级关系"的。担任上司的人,是因为他取得了相应的成果才能站在上司的位置,自然会得到部下的尊重。为了尽可能地提高自己的项目组乃至整个麦肯锡日本分社所取得的成果,他们将激励和刺激部下发挥出最大潜能作为自己最优先的工作目标。上司与部下之间评价的基准只有成果。取得成果的人会被刮目相看,受人尊敬。谁也不会提及成果之外的要素。这就是麦肯锡的上下级关系。

——大岛祥誉

应对公关危机的"道歉启事"模板

工作现状小检查

你在工作中是否遇到过以下情况？如果有，请在括号里打"√"。每空1分，总分最高5分，最低0分。得分越高，说明你在工作中存在的问题越多；反之则说明你有良好的工作习惯。

（　）	1. 对客户的投诉置之不理
（　）	2. 对客户的投诉推卸责任
（　）	3. 对客户的投诉态度蛮横
（　）	4. 对客户的投诉不知所措
（　）	5. 对客户的投诉一味躲避
症结诊断	没人能保证自己永远不犯错，但有的人总是企图逃避责任，只想着占客户的便宜。这种缺乏担当的行为违背了职业道德，会破坏组织与个人的信誉。唯有以积极的态度承担责任，才能维护自己良好的公众形象

麦肯锡人青睐的"道歉启事"架构

品牌影响力需要经年累月的积累,但破坏它只要一次事故。假如企业真的遇到了名誉受损的危机,挽回形象的最佳方式,就是麦肯锡专家推荐的博雅公关公司设计的"道歉启事"架构。

这个"道歉启事"架构分为六个部分:

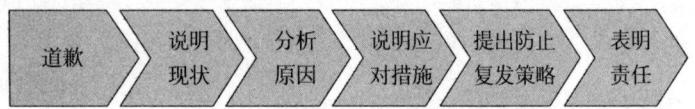

"道歉启事"的每个环节操作要求如下:

1. **道歉**

在第一时间明确传达道歉的主旨,简要概括发生了什么事情,让公众知道你是为什么事情道歉。

2. **说明现状**

详细阐述事情的起因、经过、结果和造成的负面影响。对自己的"罪行"避重就轻,就会引起公众的强烈反感。

3. **分析原因**

公众当然希望弄清楚事情为何会落到如此地步,必然会要求道歉者分析具体的原因。在这个环节,不可以过于笼络人心,敷衍了事只会让公众怀疑企业隐瞒了真相。

4. **说明应对措施**

这里的应对措施指的是能马上执行的短期应急对策,跟道歉对象的利益息息相关，应当及时给出方案。

5. 提出防止复发策略

公众的一大质疑是今后是否会出现同类事情，所以道歉启事里必须明确提出避免问题再度发生的根治措施。这类问题可以按照解决恢复原状型问题的思路去做。

6. 表明责任

承认自己负有不可推卸的责任后再道歉，并且根据错误的严重性接受相应的处罚。最好让公众觉得企业具有知错就改的社会责任感，从而恢复对我方的正面印象。

初学者常见的瓶颈

以下是刚开始学习麦肯锡工作思维的人可能遇到的瓶颈，请对照一下自己存在哪种问题。如果没有，恭喜你；如果有，请根据个人情况选择有针对性的改进办法。

瓶颈类型	具体表现	改进办法
害怕道歉	由于害怕自己颜面扫地而不愿出面道歉，结果导致抗议声越来越大，又增加了道歉的成本。恶性循环由此形成	学会在第一时间及时道歉。因为这是负面舆论影响最小的时候，真诚而负责的态度可以把损害降至最低
久拖不决	试图通过装聋作哑来拖过这一轮热点时期，让自己的负面新闻自动冷却下去，被人们遗忘	尽管舆论过一阵子就会出现新的热点，但你拒不道歉的负面形象已经印在大众的脑海里，随时会被舆论翻旧账

> **经验加油站** ▶ **麦肯锡专家有话说**
>
> 为了获得原谅,必须根据"罪行"的严重性,接受相同程度的"处罚",像引咎辞职、解雇负责人、发送礼券、停止营业,等等。最好让对方感受到"道歉居然做到了这个地步",这样做的效果最佳。当然,最好是不必用到这个"道歉启事"的架构。平时就应该尽量防范弊端、事件、事故的发生。希望大家不至于养成"赶紧用这套准则来写悔过书"的不良习惯。
>
> ——高杉尚孝

第九章
用你的成果展示促使对方采取行动

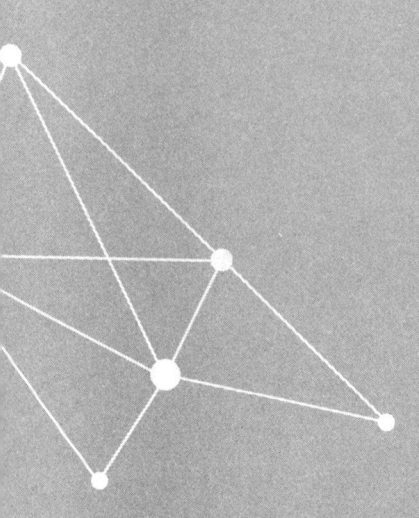

　　成果展示不仅适用于向上司汇报工作的场合，在演讲、谈判、经验交流等方面也非常有用。你的努力成果需要被充分地展现出来，让你的领导、部下、协作者以及其他相关人士了解其价值和意义。假如你不善于展示，大家就不会知道你做了多大的贡献。本章提到的成果展示包括文案、报告、简报、演讲等不同形式。麦肯锡的每一位员工都会学习关于成果展示的技巧，以便更好地向咨询自己的客户展示培训内容。接下来，我们将介绍几种常见的成果展示方法，帮大家打开思路。

用好三种信息，文案报告才会流畅有力

工作现状小检查

你在工作中是否遇到过以下情况？如果有，请在括号里打"√"。每空1分，总分最高5分，最低0分。得分越高，说明你在工作中存在的问题越多；反之则说明你有良好的工作习惯。

（　）	1. 文案报告写得文不对题
（　）	2. 文案报告缺乏条理性
（　）	3. 文案报告没有突出重点，详略不当
（　）	4. 文案报告的语言重复啰唆，描述不准确
（　）	5. 文案报告的遣词造句生涩难懂
症结诊断	撰写文案报告是职场中的基本工作，但如今很多人在阅读理解和写作方面存在较大的缺陷，无法做好这项工作，既不能正确解读信息，也不能清晰地陈述自己的观点。说到底，还是语文基础不牢固

麦肯锡工作法必用的三种信息

麦肯锡研究小组亚太地区核心成员安宅和人指出:"推敲图表时,一开始要确认是否存在依循课题的明确信息。在简报中常可见到用大号字体写着'最近的动向'或'业界的动向'这类主语和动词都不清不楚的标题,这不算是信息,而且什么都不是。应该将'这个图表想传达的是什么'落实成文字或语音。"

由此可见,商务文案写得好不好,首先要看信息的运用是否准确。任何文章本质上都是信息零件的组合,不了解信息的类型,就无法将各种各样的信息组合成意思清楚、笔法流畅的文章。按照麦肯锡的理念,信息可以这样划分:

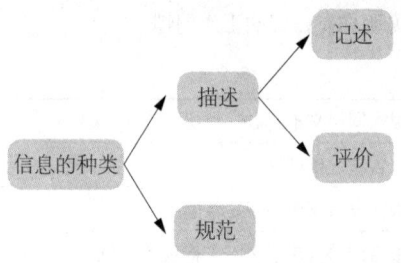

信息可以分为"描述信息"与"规范信息"两种类型。描述信息表示的是事物的状态,规范信息表示的是事物应有的状态,或者应该采取什么行动。其中,描述信息又可以细分为"记述信息"和"评价信息"。所以,麦肯锡把记述、评价、规范三类信息视为构成商务文案的基本素材。

1. 记述信息

此类信息描述的是事物本身的情况和现象本身，做的是事实判断，而不涉及"好不好"之类的价值判断。比如，"现在是晴天"或者"广州是广东省的省会"。但是，如果信息提供者自己本身弄错了，也可能会造成信息不符合事实的情况。因为，信息的"种类"跟"信息内容是否正确"没有必然联系。

2. 评价信息

评价信息与记述信息相反，做的是价值判断，而非事实判断。每一则评价信息都包含了主观评价。比如，"长城是古代劳动人民智慧的结晶"或"《泰坦尼克号》是一部经典电影"。至于这个评价是否具有说服力，不影响评价信息本身的性质。

3. 规范信息

规范信息的表达形式通常是建议式的"应该怎么样"或者"应该怎么做"，还有请求式的"麻烦你，帮帮我"，以及命令式的"你必须坚守阵地到明天下午五点"。

以上三类信息的性质不容混淆，分别适用于不同的具体情境。我们在说话或写文案的时候，应该灵活运用各种类型的信息，以便让对方更准确地理解我们的意思。

初学者常见的瓶颈

以下是刚开始学习麦肯锡工作思维的人可能遇到的瓶颈，请对照一下自己存在哪种问题。如果没有，恭喜你；如果有，请根据个人情况选择有针对性的改进办法。

瓶颈类型	具体表现	改进办法
只看信息字面意思	望文生义，没有准确理解信息的深层意思，以至于在报告中使用了不恰当的信息，造成误会	在不确定信息的真实意思时，要多查阅资料或者请教有经验的人。自己吃不准的信息不要展示出来
不注意信息分类	没有按照三类信息的特征进行归类，导致信息记录混乱，使用信息时张冠李戴	加强信息分类，不要把记述信息当成评价信息，不要把规范信息与这两类信息搞混

> **经验加油站** ▶ 麦肯锡专家有话说
>
> 　　我刚进入职场的时候，虽然脑中浮现出很多点子，却无法将点子落实成语言，想说的话无法清晰地表达给周围的人们，因此吃了很多苦头。但当我有意识地反复提醒自己"将课题转化为语言或文字"之后，过了一段时期，工作忽然变得轻松起来。听起来好像很容易，然而一旦要实际执行，就会发现知易行难。因为不用语音或文字明确表达，是很多人的思考习惯。
>
> 　　　　　　　　　　　　　　　　　　　　——安宅和人

金字塔图表展示法

> **工作现状小检查**

你在工作中是否遇到过以下情况？如果有，请在括号里打"√"。每空1分，总分最高5分，最低0分。得分越高，说明你在工作中存在的问题越多；反之则说明你有良好的工作习惯。

（　）	1. 成果展示缺乏层次感
（　）	2. 成果展示没有揭示事物的发展动态
（　）	3. 成果展示的图表跟要表达的内容联系不紧密
（　）	4. 成果展示的图表设计不合理
（　）	5. 成果展示的图表缺少简明易懂的解说文字
症结诊断	利用图表来展示工作成果的初衷是以更加形象易懂的方式来传递完整的信息。但图表若设计得过于复杂或过于简单，则会阻碍人们的理解，反而不如文字说明的意思那么清楚

麦肯锡文案写作的金字塔结构

文案写作是信息的排列组合，但各类信息的重要程度不同。为了让信息展示显得逻辑更加严谨，麦肯锡专家喜欢用金字塔结构来展现内容。所谓金字塔结构，就是依照层级来配置主题或信息的图表。

在金字塔结构中，你最想传达的信息（即最终的提案信息）被称为"主要信息"，应该放在金字塔的顶端。在主要信息之下的第二个层级是"关键信息"。如果文案采用的是章节结构，那么每一章都属于一个关键信息。关键信息还可以细分为若干"次要信息"，它们位于金字塔的底部。金字塔结构通常只用主要信息、关键信息、次要信息这三个层级。这种结构可以让你在严密的逻辑下，条理分明地展开论述。

金字塔在结构上可以分为"并列型金字塔"和"直列型金字塔"，使用哪种结构是由引导出信息的方法决定的。

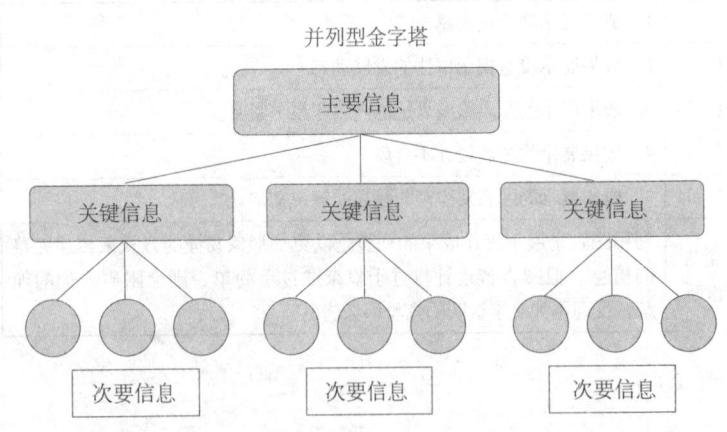

并列型金字塔的每一个下层信息都与上层信息直接相关，上下层信息之间的纵向关系较强，而同级信息之间的横向关系较弱。

直列型金字塔与并列型金字塔恰好相反，下层信息之间的横向关系较强，且有强烈的序列关系，只有最右侧的下层信息在支撑上层信息。

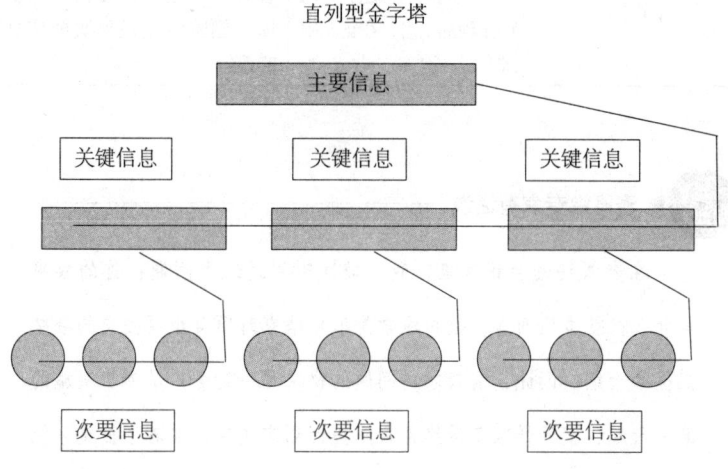

初学者常见的瓶颈

以下是刚开始学习麦肯锡工作思维的人可能遇到的瓶颈，请对照一下自己存在哪种问题。如果没有，恭喜你；如果有，请根据个人情况选择有针对性的改进办法。

瓶颈类型	具体表现	改进办法
误解金字塔层级	对金字塔的主要层级、关键层级、次要层级等概念理解不到位，大家在最上一层放置的"主要信息"出现分歧	团队工作需要先确认双方的主题在同一层次，即你眼中的主要信息也是他眼中的主要信息。达成共识后再开展工作
不熟悉金字塔报告的写法	金字塔结构的报告太长，但删除了主要信息。没把主要主题做成标题。标题中出现的信息，在正文中要再提一次	若是内容很长，应该把主要摘要放在前面。想要增加内容时，就增加次要信息的篇幅。删除时也是删次要信息的篇幅

▶ **麦肯锡专家有话说**

在麦肯锡的会议室里，我无数次听到过这个问题：你的故事是什么？就本质而言，故事线索是项目结束时项目组要提交的最终汇报的大纲。因此，有效解决问题的秘密之一就是：从项目实施的第一天起，就开始准备最终汇报。当计划完成后，在着手搜集系统数据前，团队应该先形成某个初始故事，以便大家对故事线索以及如何展开故事进行集思广益。

——艾森·拉塞尔

麦肯锡式演讲的基本套路

工作现状小检查

你在工作中是否遇到过以下情况？如果有，请在括号里打"√"。每空1分，总分最高5分，最低0分。得分越高，说明你在工作中存在的问题越多；反之则说明你有良好的工作习惯。

（ ）	1. 对演讲充满恐惧，屡屡怯场
（ ）	2. 不知道该怎样设计开场白
（ ）	3. 不知道该怎样与听众互动
（ ）	4. 不知道演讲时应该使用什么样的语调和语速
（ ）	5. 当听众流露出不耐烦的表现时，不知道该如何挽回颓势
症结诊断	上述现象都是演讲经验不足所致。相对于其他的对话环境，一对多模式的演讲场合会给演讲者带来更大的心理压力。因为听众的反馈效果因叠加效应而变得更为强烈，特别是他们的嘘声

提高演讲说服力的办法

想要提高演讲内容的说服力,我们可以从以下五个方面着手:

1. 检查理论是否有遗漏

检查理论是否有遗漏,可以使用前面提到的MECE分析法。

2. 检查演讲是否对理论有深入挖掘

这一步主要是通过重复"那又怎么样(So What)"来加深思考。反复诘问自己"那又怎么样",不断找到新信息来说服自己。

3. 检查理论是否正确

利用金字塔图表来检查各个层级的信息,核对论证推理过程,确认自己的理论是否建立在错误的认知上,以及该理论是否具备可行性,或者结论是否是听众希望听到的。

4. 把核心内容放在开场30秒内

这是对麦肯锡"电梯法则"的运用。电梯法则指的是发言者应该在上下电梯的短短30秒内向客户做出清晰而准确的说明,让对方以最快的速度全面理解你的方案。如果你不能在30秒内把"真正的问题"和"真正的解决办法"传达完毕,就说明你对问题的掌握不够充分。演讲最初30秒的"核心内容",最好能概括为"问题点+解决办法+实行办法"。

5. 力求让听众产生共鸣感

演讲不能只说"自己想说的内容",而应该说一些能让听众产生共鸣感的内容。记住,你是在向听众分享自己的想法和情感,而不是高高在上地指教他们。

初学者常见的瓶颈

以下是刚开始学习麦肯锡工作思维的人可能遇到的瓶颈,请对照一下自己存在哪种问题。如果没有,恭喜你;如果有,请根据个人情况选择有针对性的改进办法。

瓶颈类型	具体表现	改进办法
理论有遗漏	虽然你有一肚子的话想说,对问题有着全面的认识,但在演讲中只说清楚了一小部分,没能构建完整的理论	在演讲之前制作演讲提纲,列举需要说明的观点,安排好每个观点的讲解时间,再预先演练几次
内容不深刻	试图以插科打诨的方式来吸引听众,但演讲内容本身缺乏足够的干货,不能给听众耳目一新之感	用麦肯锡问题研究法把自己的演讲内容转化为研究课题,不断充实该课题的内容

▶ **麦肯锡专家有话说**

发言人通常都有这种心态:"我怕如果我先讲结论,而我的结论与听众所想的不同,他们可能会直接反驳。"没错,听到听众嘀咕"真的吗?不是这样吧!"这确实令人难受。大概是因为这种不安感,大多数发言人才会选择使用由下而上法。但是,由下而上法是以细节信息为基础的。你希望对方听完你的解释后,能巩固你的结论,所以他要听到最后才知道你的想法。

——高杉尚孝

使用结论法的注意事项

工作现状小检查

你在工作中是否遇到过以下情况?如果有,请在括号里打"√"。每空1分,总分最高5分,最低0分。得分越高,说明你在工作中存在的问题越多;反之则说明你有良好的工作习惯。

( )	1. 工作报告洋洋洒洒,但没有给出明确结论
( )	2. 推导结论的过程不够严密,使用了不恰当的论据
( )	3. 结论标新立异,不合逻辑
( )	4. 给出的结论与论据反映出来的情况背道而驰
( )	5. 论证方式过于跳跃,导致结论缺乏说服力
症结诊断	上述现象归根结底还是由于思维缺乏严谨的逻辑所致。论点、论据、论证没有充分结合起来,以至于给出的结论不足以令人信服。就算你凭感觉做出的结论是对的,听众也会因为你的论证过程不严谨而心生疑窦

"结论"是你希望被传递出去的信息

"结论法"是一个由推论引导出结论的论证过程,它以金字塔图表中的下层信息群为依据,归纳并解释其中没被凸显出来的上层信息。你在文案中看到"因此"之类的连接词,就表示作者下一句话是在下结论。

使用结论法的时候,要反复对下层信息进行确认,脑子里想着"因此呢"。我们应当注意避免过度推论的情况,以免信息接收者觉得你的结论不够严密。从每一个下层信息出发,推导出同一个信息(即支持同一个观点),这就是结论法的目标。推导出上层信息的过程一定要严谨,没有跳跃感。如果每一个下层信息都能成为支持结论的根据,就说明你的推论准确率很高,你的结论十分有说服力。

此外,我们应该避免给出含糊带过的结论。这种结论的主要特点是,虽然没什么方向性错误,但内容含糊不清,不具备具体的指导意义。一言以蔽之,含糊带过的结论就是"正确的废话"。一旦碰上行家里手,这类结论就会被挑出很多毛病。

为此,我们要学会运用不同的信息来做相应的推论。比如,使用记述信息时应该采用因果论证法和实证论证法,使用评价信息时可以根据评价条目或评价标准来论证,运用规范信息时可采取行动原理的论证方法。

初学者常见的瓶颈

以下是刚开始学习麦肯锡工作思维的人可能遇到的瓶颈,请对照一下自己存在哪种问题。如果没有,恭喜你;如果有,请根据个人情况选择有针对性的改进办法。

瓶颈类型	具体表现	改进办法
误把假设当结论	用假设推出新的假设,经过层层假设之后得到一个没有经过有力证据检验的不可靠结论	分清楚"假设"和"结论"的差异,向对方说明自己是在假设,而不是给出结论
含糊结论	结论表达得含糊不清,引发对方具体的疑问,让解释工作变得更为复杂	即使推论方向没问题,也不要草率地下一个含糊的结论。结论要有一定程度的具体性

经验加油站 ▶ 麦肯锡专家有话说

没有跳跃感,进一步做出高准确率的推论,就是适当的结论。不管哪一则下层信息,都能当作支持这个结论的根据。假设同样从这些信息(根据天气预报,午后会下雨)中做出这样的推论:"应该会有很多航班取消飞行吧。""应该会有很多台风。"

这样的结论就让人觉得有跳跃感,说服力不高。虽说这些情况都有可能发生,但从现有的信息来看,这些结论并不是经由可靠的根据所做出的高准确率推论。

——高杉尚孝

提高报告说服力的简明技巧

工作现状小检查

你在工作中是否遇到过以下情况？如果有，请在括号里打"√"。每空1分，总分最高5分，最低0分。得分越高，说明你在工作中存在的问题越多；反之则说明你有良好的工作习惯。

( )	1. 读者怀疑我的结论有误
( )	2. 读者怀疑我引用了错误的数据
( )	3. 读者对我的论证过程提出了质疑
( )	4. 读者指出我的论据根本不成立
( )	5. 读者认为我的报告充满了谎言
症结诊断	说服力是工作报告最关键的东西。说服的过程就是打消对方疑虑的过程。你的报告之所以缺乏说服力，是因为没能解答对方心中的谜团，没有提供他们需要的信息

第九章 用你的成果展示促使对方采取行动

麦肯锡专家怎样提高说服力

我们向领导或客户提交报告时，最终用的是"我认为您必须……""贵公司应该……"之类的规范信息来表达，相当于提出了一个规范命题。就算你的信息属实，观点没毛病，对方也未必会被你说服。因为他内心中对规范命题的理解跟你的想法还是有区别的。

想要提高说服力，你就得找出对方隐藏在规范信息背后的行动原理。当你提出的信息能够成为对方的规范命题的根据时，他才会被你说服。

以下是麦肯锡专家总结的几种应用技巧：

1. **强调实利命题**

实利命题有两层含义：

（1）人应该采取对自己有利的行为。

（2）人应该回避对自己不利的行为。

你建议对方采取对他有利的策略，就是通过实利命题来加强说服。这时候，说服的关键是根据的真实度，即你陈述的有利或不利的根据是否真实。

2. **强调伦理命题**

伦理命题是建议对方遵守道德、法律、规则、规律等行为规范，跟实利命题的思路差别很大。实利命题通常是一眼就能看明白的，伦理命题则不然，对方有时候完全没意识到自己的伦理命题，需要你明白地说出来。不过，注意不要把强调伦理命题变成道德绑架，否则不会起到说服效果。

3. 说因果，举实证

也就是通过论证记述信息和评价信息来增强规范命题的说服力。如果能详细地描述事物的因果关系，对方就会认为你逻辑清晰、头脑清楚、值得信赖。而使用举例论证的办法，能让你阐述的内容更加生动具体。

初学者常见的瓶颈

以下是刚开始学习麦肯锡工作思维的人可能遇到的瓶颈，请对照一下自己存在哪种问题。如果没有，恭喜你；如果有，请根据个人情况选择有针对性的改进办法。

瓶颈类型	具体表现	改进办法
空话太多	务虚论理的内容过多，通篇报告都在泛泛地谈大道理，没有与具体的实际问题结合起来	做报告时先从具体的实际问题开始动笔，最后再写那些比较空的大道理
信息描述不准确	在报告中一时嘴快，用了不准确的表达方式，传递了错误的信息，引起了读者的反感和质疑，给公司带来了损失	遣词造句时减少夸张渲染的形容词，多用名词和动词，对待数据信息尤其要一字不差

> **经验加油站** ▶ **麦肯锡专家有话说**
>
> 　　我在美国做研究时，当时很照顾我的教授对我说过一段话，至今仍然令我十分受用。他说："无论什么样的说明都要尽可能简单化，即使如此，别人还是会说'听不懂'。然而，当自己不能理解的时候，他就会觉得制作图表或说明内容的人是笨蛋，因为人绝对不会认为自己的头脑不好。千错万错，都是别人的错。"所以当你试着向周围的人说明某个图表时，只要有人稍微觉得"这个不好说明"，或是"这个难以传达"，你就要考虑重新检视修改，然后再次重复。
>
> 　　　　　　　　　　　　　　　　　　　　——安宅和人

第十章
协调身心是发挥实力的必要条件

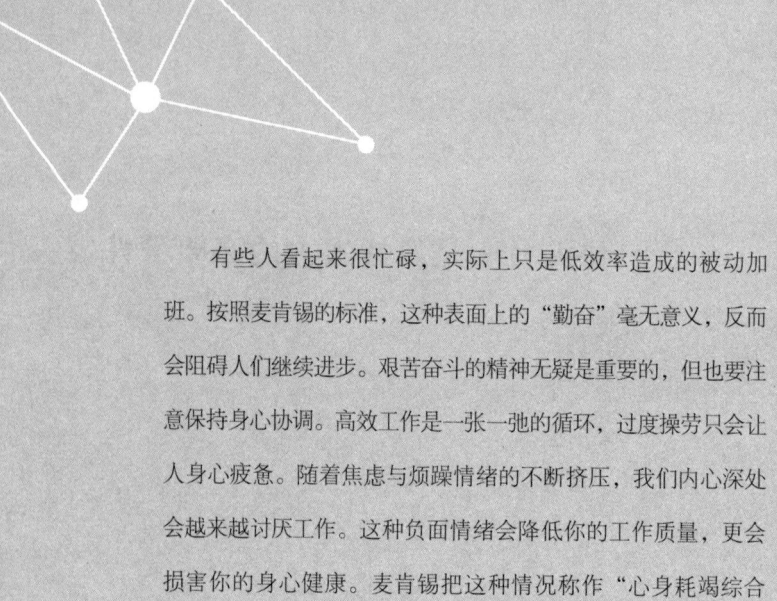

　　有些人看起来很忙碌，实际上只是低效率造成的被动加班。按照麦肯锡的标准，这种表面上的"勤奋"毫无意义，反而会阻碍人们继续进步。艰苦奋斗的精神无疑是重要的，但也要注意保持身心协调。高效工作是一张一弛的循环，过度操劳只会让人身心疲惫。随着焦虑与烦躁情绪的不断挤压，我们内心深处会越来越讨厌工作。这种负面情绪会降低你的工作质量，更会损害你的身心健康。麦肯锡把这种情况称作"心身耗竭综合征"。想要充分发挥实力，一展平生所学，劳逸结合是非常必要的。本章的主题就是改变那些不利于身心协调的工作思维。

不可忽视的"心身耗竭综合征"

工作现状小检查

你在工作中是否遇到过以下情况？如果有，请在括号里打"√"。每空1分，总分最高5分，最低0分。得分越高，说明你在工作中存在的问题越多；反之则说明你有良好的工作习惯。

( )	1. 每天上班都觉得身心俱疲
( )	2. 对很多以前喜欢做的事情开始提不起兴趣
( )	3. 不想跟别人说话，只想一个人静一静
( )	4. 对任何事情都感到麻烦
( )	5. 拖延症严重，精神极度倦怠
症结诊断	上述现象的出现表明你已经身心俱疲，陷入了精神倦怠的不良状态。负面情绪和心理压力积压过多，导致自己不堪重负，难以继续精神抖擞地工作。如果不及时调整，工作效率就会越来越低

什么是"心身耗竭综合征"

已经用心地努力尝试了很多年，但还是没达到自己的目标。这无疑会让人产生巨大的挫败感，身心俱疲，无法再自我激励，根本没心情去享受成就感和满足感。日本的麦肯锡专家高杉尚孝针对这种职场人士常见的问题，提出了"心身耗竭综合征"的概念。

"心身耗竭综合征"产生的原因是，当事者认为"目标是必须面对的对象"，并且认为"一旦不能实现目标，自己将面对无法忍受的悲惨命运"。毫无疑问，它会像黑洞一样吸走你的能量，使你工作效率越来越低，对很多事情渐渐提不起兴趣。麦肯锡工作思维要求人们实现工作和生活的平衡。因此，预防"心身耗竭综合征"是提升工作效率的一个重要任务。

解决思路很简单，把"必须……"的念头转化为"最好能……"的想法。麦肯锡人称后者为"希望式思维"，把目标当成一种纯粹的期望，面对压力时避免那些钻牛角尖的思考角度，以及自我毁灭的情绪，保持平常心和积极性。

初学者常见的瓶颈

以下是刚开始学习麦肯锡工作思维的人可能遇到的瓶颈，请对照一下自己存在哪种问题。如果没有，恭喜你；如果有，请根据个人情况选择有针对性地改进办法。

瓶颈类型	具体表现	改进办法
成功焦虑	害怕自己失败，丧失现有的一切。尽管知道不应该透支自己，但这份成功焦虑让人不敢停下来	改变对"成功"的认识，不拿一刀切的标准来评价自己，想清楚自己到底需要什么
节奏紊乱	一段时间里忙得焦头烂额、失眠熬夜，一段时间里又无所事事。两种极端状态交替轮换，反而增加了身心的损耗	学会用更加舒缓的节奏来平衡自己的工作和生活。不要疯忙疯玩，工作和休闲都以适度为宜

 ▶ 麦肯锡专家有话说

对于一起工作的年轻人，我时常建议的还有另一件事，那就是"千万不要用蛮力"。工时长短根本不是重点，重点在于只要交出有价值的输出成果就好。例如，就算一整天只工作五分钟，只要按照预定时间，甚至比预定时间早一点交出约定的成果，就没有任何问题了。那些所谓"我正拼命工作""我昨天又熬夜了"的努力方式，在这个追求"有价值工作"的世界里，根本没有必要。

——安宅和人

避开三种心理失衡的陷阱

工作现状小检查

你在工作中是否遇到过以下情况？如果有，请在括号里打"√"。每空1分，总分最高5分，最低0分。得分越高，说明你在工作中存在的问题越多；反之则说明你有良好的工作习惯。

（　）	1. 嫉妒别人的成功，但又不愿意把心思放在努力工作上
（　）	2. 只要有一点挫败，就消沉到不可自拔
（　）	3. 害怕失败，对任何事情都小题大做
（　）	4. 随时随地都充满了焦虑情绪
（　）	5. 百般否定自己的价值，背着不必要的负罪感
症结诊断	心理失衡是造成上述现象的根本原因。由于缺乏足够的心理调节能力，被负面情绪吞噬了内心，因此思维方式也充满了负能量。这会阻碍你在工作上发挥正常水平，使你陷入急功近利或自我否定的恶性循环

三种令你心态不平衡的想法

麦肯锡有很多解决问题的技巧，但能否妥善运用，还得看问题解决者的心态是否健康。问题解决者经常会被现实逼到进退维谷的窘境，其中有些人面对危机时失去了平常心，往往会产生以下三种让你心态越来越不平衡的错误想法。

1. 否定状况

不少人碰到危机时的第一反应是，不敢相信这是事实。他们认为绝对不可能发生这么糟糕的情况，否定已经发生的现实，试图逃避痛苦和责任，以至于完全听不进任何合理的意见。

2. 在错误的时机追究责任

有些人遇到特别严重的恢复原状型问题时，第一反应是大发雷霆，心急火燎地寻找责任人。按照"防止复发"的原则，对导致重大过失的人追究责任是必要的，但在问题刚刚发生时，当务之急是及时止损，而不是急于问责。否则，人们很容易陷入互相指责和推卸责任的局面，让事态因得不到及时处理而恶化。

3. 对状况产生非现实的评价

持有这种心态的人总是把任何事态都当成世界末日，认为"一切都完了"，彻底搁置问题，而没有改善状况的想法。这种消极心态会让我们变得颓废。

初学者常见的瓶颈

以下是刚开始学习麦肯锡工作思维的人可能遇到的瓶颈,请对照一下自己存在哪种问题。如果没有,恭喜你;如果有,请根据个人情况选择有针对性的改进办法。

瓶颈类型	具体表现	改进办法
习惯性自我否定	由于长期以来具有自卑心态,因此稍微遇到一点挫折就心灰意冷,连自己的闪光点都不想承认	把同事和亲友对你的一切赞美都整理成册,每到消沉之时就翻一下,回想自己是怎样得到他们的掌声的
习惯性指责	虽然知道当务之急不是追究责任,但控制不住自己的脾气,还是想骂两句出出气	尽量不要靠指责来泄愤,实在克制不住也不要直接骂人,牢记"对事不对人"的原则
习惯性夸大其词	夸大自己的痛苦和恐惧,不愿正视大众都要面对的现实,只是自怨自艾	多多了解其他人遇到过的情况,逐渐意识到自己和大家面对的东西没什么区别,不是什么世界末日

> **经验加油站** ▶ **麦肯锡专家有话说**
>
> "不安"会造成"逃避","愤怒"会造成"攻击"。相反,有益的负面情绪会促成积极行动,例如,"担心"会促成"准备","不愉快"会促成"谈判"。我们可以通过"良性思维"来选择有益的负面情绪,让这些情绪促成改善状况的积极行动。
>
> ——高杉尚孝

破除"必须式思维"

工作现状小检查

你在工作中是否遇到过以下情况?如果有,请在括号里打"√"。每空1分,总分最高5分,最低0分。得分越高,说明你在工作中存在的问题越多;反之则说明你有良好的工作习惯。

( )	1. 强迫自己做超出能力范围的事情
( )	2. 强迫自己坚持实际上没必要坚持的"原则"
( )	3. 执着于原先的目标,丝毫不考虑形势已经发生重大变化
( )	4. 执着于某个方针,撞了南墙也不回头
( )	5. 强迫自己在无关紧要的细节上付出过多的努力
症结诊断	这是工作上的"强迫症",根源在于思维僵化,认为某件事或某个行为"必须"执行。当遇到阻力和挫败时,不是反思自己是否陷入误区,而是变本加厉地钻牛角尖

告别"死脑筋思考"

"死脑筋思考"又称"必须式思维",它是麦肯锡专家最痛恨的两大"恶性思维"之一。为什么人们经常在重大问题面前惊慌失措呢?最根本的原因是我们的"必须式思维"在作祟。"必须式思维"的核心是命令自己必须成功。这种想法实际上已经脱离实际,不考虑环境影响,把失败的原因完全归于个人。从某种角度来说,这恰恰是一种傲慢,认为自己无所不能的傲慢。一旦在现实中受到挫折,"必须成功"的命令就会化为监牢,把你那颗惴惴不安的心囚禁起来。

"死脑筋思考"乍看上去有着积极进取的色彩,实则是一种偏执。"必须成功"意味着"不许失败",把失败视为"绝对不应该发生的事态"。这种念头一开始就切断了你的退路,让你只能不顾一切地往前跑。你还没开始做事就背负着巨大的心理压力,成功自然也就离你越来越远了。

初学者常见的瓶颈

以下是刚开始学习麦肯锡工作思维的人可能遇到的瓶颈,请对照一下自己存在哪种问题。如果没有,恭喜你;如果有,请根据个人情况选择有针对性的改进办法。

瓶颈类型	具体表现	改进办法
缺乏自觉性	没有察觉自己在钻牛角尖，他人善意指出后，反而觉得自己是在坚持真理	舍弃那种自命不凡的心态，好好看看自己的固执己见究竟带来了哪些成果，不要为自己的失败找借口
无视相对性	只承认事物的绝对性而不承认相对性，没意识到世界上很多东西都是相对的，并非一成不变的	不要用绝不退让的态度来要求别人和自己。凡事只要做到相对更好即可，不要贪求绝对无敌

▶ **麦肯锡专家有话说**

要聪明地工作，而不是辛苦地工作。很多数据都与你的研究问题相关，很多分析可以展开，但大多数你都得忽略掉。麦肯锡通过收集大量事实来对假设进行证实或证伪，对分析进行支持或反驳——只要有充足的事实即可。这是在商业条件下，以事实为基础分析的另一个方面。任何过度的寻找事实，都是在浪费弥足珍贵的时间和精力。要有选择，清理手头需要优先解决的事情。当已经做得足够多的时候，你就停下来。否则，结果只会得不偿失。

——艾森·拉塞尔

麦肯锡人不说"管它呢"

> **工作现状小检查**

你在工作中是否遇到过以下情况？如果有，请在括号里打"√"。每空1分，总分最高5分，最低0分。得分越高，说明你在工作中存在的问题越多；反之则说明你有良好的工作习惯。

( )	1. 工作马虎大意，觉得不会出什么大问题
( )	2. 不认真检查自己的工作，以至于出现令人瞠目结舌的低级错误
( )	3. 工作得过且过，劝告别人不要太认真
( )	4. 觉得成功和失败都无所谓
( )	5. 发现问题后并不打算去解决问题
症结诊断	这种过分随意的工作态度，无疑会严重降低工作效率。有的人这么做是因为觉得自己的努力得不到回报，于是干脆不那么卖力；有的人则是天性懒散，没什么上进心。无论哪种情况，都会阻碍我们的成长

随便式思维也是错误的

麦肯锡专家最痛恨的两大"恶性思维",一个是必须式思维,另一个是随便式思维。前者的问题在于给自己带来过于沉重的压力,容易使自己在失败时变得万分沮丧、一蹶不振。后者的问题恰恰相反,把一切工作都当成游戏,片面地追求放松心态,对结果完全不负责任。

随便式思维也叫无所谓思维,本质上并非我们常说的"轻装上阵"。因为怀有这种想法的人连"上阵"的责任心都没有。人一旦有了"管它呢"的随意心态,就不会去认真发现问题和解决问题。松懈的态度只能暂时释放你为解决问题而积攒的压力,但问题并不会因为你的无所谓态度而自动消失。最后你不但徒劳无功,还要面对自己积压多时的棘手问题,更加不堪重负。

初学者常见的瓶颈

以下是刚开始学习麦肯锡工作思维的人可能遇到的瓶颈,请对照一下自己存在哪种问题。如果没有,恭喜你;如果有,请根据个人情况选择有针对性的改进办法。

瓶颈类型	具体表现	改进办法
疏忽大意	松弛神经是必要的,但完全不把问题当一回事,违背了麦肯锡工作法的精神,又退回了不懂得怎样"发现问题"的不成熟阶段	树立常备不懈的忧患意识,次要问题可以放在一边,但重要问题必须放在心上。该抓紧就抓紧,该放松就放松

（续表）

瓶颈类型	具体表现	改进办法
放弃治疗	知道"无所谓思维"不是什么好东西，但时间一长就觉得不那么努力避免"无所谓思维"也不会出什么问题	这也是一种自我否定现象。应该好好想想自己当初为什么努力，自己不想失去什么，然后重新开始奋斗

▶ 麦肯锡专家有话说

只要稍加深究，就会发现人们总是会有想法的。问他们一些有针对性的问题，就会为他们知道的东西之多而吃惊。结合他们的知识和一些有根据的推测，基本上就距问题解决方案不远了。如果问一个人有关他们所在行业的问题，回答却是"我没有想法"，不要就这样走开。"我没有想法"是个信号，它的潜台词是"我太忙，没有时间回答你的问题"，或者是"我不够聪明，无法回答你的问题"，或者是"我太懒了，想不出有价值的答案"。不接受"我没有想法"这个答案——要把它看成是一种挑战。

——艾森·拉塞尔

重视成果，更重视压力管理

工作现状小检查

你在工作中是否遇到过以下情况？如果有，请在括号里打"√"。每空1分，总分最高5分，最低0分。得分越高，说明你在工作中存在的问题越多；反之则说明你有良好的工作习惯。

( )	1. 为了多出成果，对自己要求过于苛刻
( )	2. 明明已经被工作压力压得喘不过气来，还逞强继续蛮干
( )	3. 工作只看结果而不考虑代价
( )	4. 缺乏排解压力的渠道和手段
( )	5. 觉得减压是懦夫才会做的事情
症结诊断	中了成果主义的毒，害怕自己对社会失去价值。这种不安全感加剧了人们的焦虑，使其长期处于重压之下，直到不堪重负才追悔莫及。成果固然重要，但轻视压力管理的人是无法实现可持续发展的

个人生活应该保持平衡

日本企业家稻盛和夫曾经写书批判成果主义,他认为无数人片面追求成果而导致生活失去了平衡,只有舍弃唯成果论,才能获得幸福。

无独有偶,麦肯锡出身的美国投资银行家艾森·拉塞尔讲过一个故事。他说:"我曾加班为一位客户整理关于其竞争对手的数据资料。当时,我收集了海量的数据,试图从中提炼出一点新的见解。我的项目经理维克来到办公室,他手里拿着公文包和上衣,问我进展如何。我告诉他工作进展很顺利,但还可以归纳出更多的图表。他拿起我的草图,迅速翻了一下,然后说:'艾森,快7点了,客户会欣赏你为工作付出的努力,没有人比你的收获更大了。今天到此为止吧!你总不能把海水烧干吧?'"

当我们称赞麦肯锡的高效工作法时,我们却忽略了其在压力管理上的建树。为了确保快节奏生活带来的压力不影响你的身心健康,艾森·拉塞尔建议我们学会按照事情的轻重缓急合理安排时间,找到工作内容的平衡点,多跟家人共同分担压力,而不要自己一个人默默地扛着。工作原本就是为了生活,我们不应该本末倒置。

初学者常见的瓶颈

以下是刚开始学习麦肯锡工作思维的人可能遇到的瓶颈,请对照一下自己存在哪种问题。如果没有,恭喜你;如果有,请根据个人情况选择有针对性的改进办法。

瓶颈类型	具体表现	改进办法
高估自己的承受能力	不想让人看到自己软弱的一面，于是做事特别逞强。但压力过大造成的身心俱疲现象并不会因为你不承认而自动消失	听一听《男人哭吧哭吧不是罪》，坦然接纳自己的软弱和疲惫。把这些内心遗留的问题解决好，你才能以更加勇猛的姿态投入工作
完全忽视成果	为了对抗成果主义的极端，走向了完全不在乎成果的极端。如此一来，借助麦肯锡工作思维提高工作效率的初衷就失去了意义	保持适度的好胜心，用发愤图强的姿态面对每一次失败，重视过程，力争胜利

 ▶ 麦肯锡专家有话说

我总是提醒周围的人："一旦发现自己正在烦恼，就马上停下、立刻休息，并且培养能够察觉自己正在烦恼的能力。"其原因是，"以你们这么聪明且思考问题超级认真的头脑仍然想不明白的话，就请先停止思考这件事比较妥当。因为你很可能已经陷入烦恼之中了"。虽然乍看之下可能会觉得很无聊，但意识到"烦恼"与"思考"的差异，对想要"交出有价值的成果"的人而言是非常重要的事情。毕竟，在职场与研究中需要的是"思考"，自然必须以"能够找出答案"为前提。"不要烦恼"是我在工作上最重要的信条。

——安宅和人

第十章　协调身心是发挥实力的必要条件

后记
Postscript

撰写本书的过程充满了艰辛，但梳理知识本身是一件有趣的事情，特别是当这些知识对我们颇有帮助的时候，心中的成就感就会油然而生。

无论多么优异的工作思维，本质上都只是一种方法论。方法论只有被人们实践的时候，才能发挥出最大的价值。麦肯锡工作思维的宗旨是帮助人们提高工作效率，用正确的思考方式来发现问题并找出答案，团结更多的力量来完成既定目标。

除此之外，改变不恰当的努力方式，更好地平衡大家的工作与生活，也是麦肯锡文化的核心理念。倘若仅仅是片面地追求提高工作效率，而不懂得调整身心状态，就只不过是愚蠢的学习方式。我并不希望大家在这个误区里停滞不前。我们不仅要实现高效率地工作，更应该实现快乐地生活。假如工作只能增加你的焦虑和烦恼，毫无疑问，你没有领悟麦肯锡文化的精髓。

麦肯锡人并不会一直留在麦肯锡公司，但麦肯锡工作思维会时刻伴随着他们走向新的舞台。麦肯锡的文化传统是把所有离职的同事当成"校友"。本书提到的多位麦肯锡专家，早已从麦肯锡公司"毕业"，开创了自己的事业。这些优秀的"校友"通过这种方式把麦肯锡工作思维发扬光大，传播到世界各地。在座的各位无论是不是正牌的麦肯锡"校友"，只要在工作中实践了这套方法论，就已经成了麦肯锡文化传播链的一环。